华为的下一座山

由 AI 通往 2030

风辞远 著

清华大学出版社
北京

内容简介

如今华为对人工智能技术的投入、布局以及应用程度，都处在世界顶尖水平。华为究竟为什么做人工智能？做了怎样的人工智能？一家中国企业从最底层做人工智能，对于未来科技版图又将产生怎样的影响？

本书描绘了华为在人工智能领域的完整布局，涉及芯片、网络、云、算法架构、开发工具与平台等不同技术从无到有的过程，分析了华为的人工智能布局对于创业者、大学生、科技相关人群的影响，让读者从中得到启发和价值。

本书封面贴有清华大学出版社防伪标签，无标签者不得销售。
版权所有，侵权必究。举报：010-62782989，beiqinquan@tup.tsinghua.edu.cn。

图书在版编目（CIP）数据

华为的下一座山：由AI通往2030 / 风辞远著. —北京：清华大学出版社，2020.10
ISBN 978-7-302-56382-2

Ⅰ.①华… Ⅱ.①风… Ⅲ.①通信企业－企业管理－经验－深圳 Ⅳ.①F632.765.3

中国版本图书馆CIP数据核字（2020）第166863号

责任编辑：杜　杨
封面设计：吴海燕
责任校对：徐俊伟
责任印制：宋　林

出版发行：清华大学出版社
网　　址：http://www.tup.com.cn，http://www.wqbook.com
地　　址：北京清华大学学研大厦A座　　邮　　编：100084
社 总 机：010-62770175　　邮　　购：010-83470235
投稿与读者服务：010-62776969，c-service@tup.tsinghua.edu.cn
质量反馈：010-62772015，zhiliang@tup.tsinghua.edu.cn

印 装 者：三河市吉祥印务有限公司
经　　销：全国新华书店
开　　本：148mm×210mm　　印　　张：7.75　　字　　数：178千字
版　　次：2020年12月第1版　　印　　次：2020年12月第1次印刷
定　　价：49.00元

产品编号：087855-01

引言

华为的下一座山峰,我们的 2030

华为这家公司和人工智能这门技术,此刻的我们应该都不陌生。

但对于大多数人来说,了解的更多是"过去",而不是"此刻"和"未来"。例如,大家知道近几年人工智能掀起了热浪,从学术界到产业界,从政策到资本,无不关注着这门"历史悠久的新兴技术"。

之所以这么说,是从 1956 年达特茅斯会议开始算起,人工智能技术已经拥有了近 70 年的历史,历经三起两落。今天我们正在经历的,是以深度学习为代表的人工智能技术的第三次崛起。而产学研各界普遍认为,这轮人工智能技术兴起的真正价值,在于将其与各行业、各组织相结合,重新激活社会生产力,为各行业"提质增效"。虽然人工智能已经切实走进了我们的生活,但你的工作、学业,今天被人工智能带来了翻天覆地的改变吗?

相信大部分人的答案应该是:目前还没有。

所以说,我们津津乐道的是人工智能的历史和近几年的火爆;不知道的是"未来"人工智能究竟会如何改变我们的工作与生活,我们又如何从中发掘创造价值的机会；也不知道为了实现目标，"此刻"的人工智能正在如何迈出产业化的步伐。

而说到人工智能的"此刻"，其实不能不提到华为。

同样的逻辑下，来看这家在中国人尽皆知的公司。我们知道华为的"过去"，即它是全球信息与通信技术（ICT）领域的领军者，是目前中国营收最高的民营企业，因 5G 技术和智能手机而广为人知。

而很多人没有想到的是，华为的"此刻"却与这门叫作"人工智能"的技术息息相关。2017 年，华为创始人任正非在华为公司的愿景与使命研讨会上，将华为的企业愿景重新表述为"把数字世界带入每个人、每个家庭、每个组织，构建万物互联的智能世界"。其中，"智能"这个关键词引来了众多猜想，也昭示了此后华为将大举投入和发展人工智能的企业战略。

随之而来的是，华为在人工智能领域完成的非常重要的基础设施建设，以及在全球人工智能产业中名列前茅的广泛布局。在 2018 年 10 月的华为全联接大会上，时任华为轮值董事长的徐直军表示："关于人工智能，华为认同人工智能是一种新的通用目的技术（GPT）。它可以以更高的效率解决众多我们已解决和未解决的问题，替代人力和自动降低成本。"

在华为看来，人类历史上总共出现了 25 种通用目的技术，其中包括火力、蒸汽、电力、石油、核能等。而人工智能是第 26 种通用目的技术，也是距离我们最近的一种。不难发现，任何一种通用目的技术都会引发人类社会巨大的变革，人工智能也是如此。

基于这种判断而展开全面的"人工智能行动"，就是华为的"此刻"，也是后知后觉的公众视野以外，一场正在发生的变革序章。

而华为的"未来"呢？在 2020 年 2 月，华为举办了首届线上行业数字化转型大会，其间华为展望了并不遥远的未来——十年之后，这个世界应该怎样。

在华为的判断里，未来十年将是新 ICT 技术蓬勃发展的十年，以 5G、AI 为代表的新 ICT 技术将被广泛应用，自动驾驶、虚拟办公、机器人陪护等智能化场景将走进工作和生活，带来翻天覆地的变化。

到 2030 年，我们将享受以人为本的数字政府；智能机器人将成为劳动力的新的重要组成部分；数字化手段将使教育、医疗等资源的公平共享成为现实；得益于各种数字化手段的利用，人类也将实现对碳排放等更加合理的监测与调控，地球将更加绿色。

这样的十年之后，华为称为"智能世界"。

基于以上种种，本书希望绕过我们脑海中关于人工智能技术和华为这家公司的"常识"，去梳理华为发展和应用人工智能技术的"此刻"，去推理关于华为、关于人工智能的未来。

那么下一个问题是，为什么人工智能的未来一定会与华为息息相关？为什么我们推理未来的智能世界，要从了解华为的人工智能体系开始？

想要回答这些问题，我们需要理解华为的人工智能体系为何不同。先来看几项事例：

(1) 华为是中国首家、全球第三家发布人工智能训练芯片的公司，代表着中国公司在 AI 芯片这个关键底座上不再痛失话语权。

(2) 漫长的产业链基础，让华为的人工智能布局深入到通信和信息技术的各个领域，成为广泛存在并且全架构打通的人工智能基础设施。从云技术、边缘侧到端侧设备,从学习到推理部署,从企业和行业解决方案到个人终端,华为构筑了目前世界上最完整、广泛的人工智能布局体系。

(3)华为强调做"产业的黑土地",定位是只做人工智能的基础设施,具体的应用和商业创新交给生态开发者和生态合作伙伴去实现。换言之,人工智能领域延续了华为坚持的生态商业策略,这让华为的人工智能布局将最大限度对外开放,与各行各业不断加深联系。也许你在未来不远处发现的创业机会、更好的工作选择、符合时代需求的学习行动,都将与华为的人工智能体系紧密相关。

(4)华为是一个非常特殊的技术聚合体,从云计算、5G、人工智能到物联网,各种各样的技术在华为产生了交织。如果说互联网是一种单技术载体创新,那么未来很长一段时间,人类将共同经历多技术融合与协同创新的时代。华为的人工智能体系和5G、云计算等领域的布局,客观构成了一个技术聚合的试验田。如果说5G和人工智能将产生化学反应,那么华为显然是合适的反应皿。

所以说,在人工智能时代的黎明解读华为,指向的价值不仅仅是一个案例,更可能是未来产业周期中的必由之路,就像移动互联网时代,每个人都要研读乔布斯和苹果公司的伟大壮举。那么在这本书里,我们从哪些角度去理解华为的人工智能体系呢?有以下几种视角可以供你选择:

1)一家公司如何全面拥抱人工智能

华为不仅在人工智能的多个领域进行了广泛的科研投入,进行了大量直接指向人工智能产业化应用的布局,同时还将人工智能技术引入到华为固有的产业体系中,甚至绝对强调了人工智能思维在华为系统中的运用;同时,华为还组织了人工智能相关的全球合作,构筑了学术界、产业界等合作伙伴的广泛生态;另一方面,人工智能技术被应用于华为海量的日常业务与经营、管理体系中,成为华为"看不见的员工"。如果你想了解一家企业如何迎接人工智能,如何在人工智能技术浪潮中寻找机遇,那么不妨从华为开始思考。

2)一场变革的底座

2019年8月,科技部在"2019世界人工智能大会"上宣布,将依托华为建设基础软硬件,创建国家新一代人工智能开放创新平台,面向各行业初创公司、高校和科研机构等,以云服务和产品软硬件组合的方式,提供全流程、普惠的基础平台类服务。

在"国家新一代人工智能开放创新平台"中,华为承担的作用毫无疑问是最基础的技术与产业底座。这与华为自身完整的技术体系,以及独特的"全栈全场景AI"紧密相关。中国人工智能的创新会源源不断,而华为提供的人工智能底座,很可能会成为大部分创新的基础。

华为的人工智能技术和产业支撑,正在渗透到相关产业的方方面面,涉及企业、组织、政府机构、个人用户、开发者,带来一系列新的产业变革。在IT、通信、云计算、企业数字化转型解决方案中,以及我们熟悉的手机、平板、穿戴设备上,都能看到华为提供的人工智能基础设施。

我们希望用最完整的方式,展现作为人工智能底座的华为。

所以说,想要更好地理解人工智能带来的变革,就有必要率先读懂华为提供的底座,以及华为人工智能体系内部的逻辑关系。这也是接下来我们将着重探讨的方向。

3)一个技术融合的确定未来

上文我们已经讨论过华为在技术融合趋势下的独特位置,而这个视角也将伴随接下来对华为人工智能体系各领域的讨论而展开。5G遇见人工智能会怎么样?手机中为什么要有人工智能?人工智能为何成为云计算市场上的焦点战役?物联网技术又将带给人工智能怎样的遐思?更有甚者,当更多技术聚合起来,我们的未来将发生怎样的变化?我希望大家不断悬系着这些问题来走入华为的人工智能战略和布局,这会让很多技术和产业发布的背后逻辑一目了然,或许也能为我们理解未来的多技术融合世界提供一些不同的切入点。

4)一种技术与每个人的关系

今天,我们的生活中已经很难彻底躲避掉人工智能,其实也很难不遇见"华为出品"的人工智能。毫无疑问,未来人工智能会与你的关系越来越密切。也许你在工作中将开始应用这门技术;也许你在人工智能与某个行业的结合中找到了新的创业机会;也许读懂人工智能,会有助于你的学业和就业;也许你在某个时刻,迫切需求人工智能的帮助。

华为预测,5年之后全球将有400亿个人工智能终端,90%的终端用户将拥有智能数字助理,数据利用率达到86%,人工智能服务随手可得。人工智能将改变地球上的所有行业和组织。在改变来临之前,提前去学习和了解它,或许是我们对自己未来的一个良好投资。

2019年9月9日,《纽约时报》专栏作家托马斯·弗里德曼在采访任正非时问道："华为要研究的下一个前沿领域是什么？您想要攀登的下一座大山是什么？"

任正非马上给出了唯一的答案："人工智能。"

它是华为的下一座山，也是我们共同所享的2030。华为、十年时间和我们每个人，在你读到这里的此刻，已经共同联系于这种叫作"人工智能"的奇妙技术之中。

目录

第1章 华为AI的底座与蓝图 / 001

1. 华为AI，建造中的全景图 / 002
2. 从火种到能源，华为做AI的逻辑链 / 007
3. 九个关键词，读懂华为如何思考 / 013
4. 多米诺效应的起点：昇腾910为何重要？ / 019
5. 华为号，决定穿越计算光年 / 026

第2章 华为手机中的AI密码 / 033

1. 华为移动AI的原点：麒麟970与NPU / 034
2. HiAI，跟开发者打个招呼 / 039
3. 落子即求道：方寸间的麒麟简史 / 047
4. 次移动时代：手机如何被AI改变？ / 050

5. 达芬奇架构的钥匙：麒麟 810 背后的 AI 变局 / 054

6. 5G 到来，麒麟重写所有故事 / 058

第 3 章　华为云，千行百业的智能故事 / 062

1. 从智能到致用：产业世界需要怎样的 AI？ / 064

2. 变与不变：华为云的生长逻辑 / 071

3. ModelArts：让 AI 开发者的"吐槽大会"结束 / 077

4. 用智能称量现实：华为云 EI 的探索 / 081

5. ModelArts Pro：行业 AI 的进一步解题 / 084

6. 从智慧停车，理解 HiLens 的普惠机器视觉 / 091

7. 普惠 AI：华为云的独特思考方式 / 096

8. 十万行业质变正当时：华为云解出的产业 AI 公式 / 100

第 4 章　企业数字化浪潮里的沃土 / 106

1. 华为企业业务 2.0，从数字平台开始 / 107

2. 当深圳变成一座数字花园 / 114

3. 转型不畏：华为向企业客户提供什么？ / 121

4. 沃土数字平台：产业数字化中的太极之道 / 128

第 5 章　智能计算世界里的"大力神" / 135

1. 擎天神 Atlas，撑起智能计算风暴 / 136

2. 企业 AI 的封印，为何能被 Atlas 之箭打开？ / 142

3. 从东京到欧洲：华为智能计算的全球之旅 / *145*

4. 从海洋到天空：何处需要智能计算？ / *152*

5. Atlas 900：进击的地表最强 AI 算力 / *156*

第 6 章　酝酿在 5G 时代的智能联接 / *160*

1. 生于 AI 时代的 5G，跟过去有什么不同？ / *161*

2. 5G 筑塔人和他的少年世界 / *165*

3. 从 5G 到万物，华为提供什么？ / *171*

4. 斑斓时代，天地寻光 / *176*

第 7 章　从 IT，到云与智能的底座 / *183*

1. 一云两翼双引擎：华为计算的悠悠长卷 / *185*

2. GaussDB：智能时代的数据变局 / *191*

3. OceanStor：智能存储中的搏水剑鱼 / *195*

4. 从软件定义摄像机，到华为给安防产业带来的全息智能 / *198*

5. 华为的浮槎：云与计算渡过时代之海 / *203*

第 8 章　智能世界的感性与温暖 / *208*

1. 华为的梦想：每个人化身超级英雄 / *209*

2. 华为的温柔：Tech 4 all 给世界一个拥抱 / *214*

3. 华为与开发者：14 岁的钢铁之心 / *218*

4. 任正非如何思考人工智能？ / *223*

XI

第 1 章
华为 AI 的底座与蓝图

在深入华为人工智能的整个休系前,我们首先需要设置这样一个问题:在北美科技巨头、国内互联网公司纷纷大力发展人工智能的背景下,华为的人工智能技术为何不同?从最直接的理解上看,华为对自身人工智能战略的差异化定位是"全栈全场景 AI"。从芯片到框架、开发平台与终端设备的"全栈化",以及可以覆盖各种应用方式的"全场景"形成了华为人工智能的独特价值。

稍微把目光拉远,会发现华为发展人工智能的两大优势:一是华为布局的技术众多,拥有计算、通信、存储等众多底层技术能力;二是华为的业务体系庞大,联接着运营商、企业、消费者等诸多市场。这些能力一方面是华为全栈全场景 AI 能够实现的基础,另一方面也是华为持续发展人工智能的未来通道。

所以在第 1 章,我们先来回顾一下华为选择人工智能的动机,梳理华为本身的技术、产业、战略体系与人工智能这门新技术之间的联系,从而我们能发现,究竟是哪些模块构成了华为人工智能的基柱,华为人工智能路线图里蕴含的行为逻辑又是怎样的。

首先,让我们来鸟瞰一下华为已经建造了怎样的人工智能。

1. 华为 AI，建造中的全景图

此刻，我们稍微留心一下生活，应该会发现人工智能已经无处不在。例如我们习惯了手机中的人脸识别和语音输入，知道了各行各业都能与 AI 结合，见证了大量媒体开始谈论 AI。而在这样一场大浪潮中，从一家公司的视角看去，人工智能就变成了一个历史性机遇。

任正非在 2019 年的一次华为内部讲话中说："人工智能才是大产业，才是华为发展的战略要地。在人工智能发展的三个核心要素中，美国有超级计算，有超级存储，但没有超速联接，如果又不用 5G 的话，一定会落后一步……华为要用 5 年时间，打造一支迎接胜利的队伍。"而这个判断的基础，是华为已经进行了广泛的人工智能布局。

我们知道华为的 5G 技术世界领先，甚至引发了美国的忌惮。而就像深度学习技术难以离开云计算和大数据的支撑一样，5G 与人工智能也有着紧密结合的关系，例如 5G 网络可以被人工智能技术加速。在华为的 5G 网络运维解决方案中，为应对 5G 带来的运维新挑战，高效且高质量地管理四代共生网络，基于人工智能，华为推出了智能运维解决方案 AUTIN，它不仅仅是通过自动化减少人为失误和提升效率，而且通过机器学习对运维大数据进行分析和建模，从而实现故障的预防，减少网络风险。华为的 5G 领先，事实上就包括对人工智能技术的投入和应用。

同时人工智能也可以被 5G 赋能。想要实现端到端的人工智能应用，网络条件是先决基础。大带宽、低时延的 5G 网络，能够让人工智能有条件接入海量物联网设备，成为真正改变产业关系，提升生产力的利器。以遍布城市的智能摄像头为例,想让摄像头执行复杂的人工智能算法,如车辆运动轨迹预测、实时高清图像还原等,需要能够支撑庞大智能摄像头体系的网络传输环境。5G也就成了人工智能走入现实中的必备利器。

任正非说,5G是一把螺丝刀。同时,5G也是人工智能这辆概念车走向现实必不可少的螺丝刀。二者相互影响、互为支撑的例子还有很多。当然,人工智能是一种高度需求技术协同的技术,网络、计算、存储等相关技术需要形成对人工智能的矩阵化支撑。华为海量的技术投入与ICT技术基础,正好打造了发展人工智能的温床。

计算、联接、存储等技术发展多年的华为,在准备拥抱人工智能时,必须面对一个从无到有抉择:人工智能究竟要做到什么程度?是开发算法,提供工具和平台,还是做最底层的人工智能算力与芯片?

人工智能产业的从0到1,越向底层空白越大,挑战越强。人工智能想要发展首先需要的是算力,但面向产业应用的高性能人工智能芯片是一个巨大的挑战,它需要满足工业级算力要求,同时要抛弃经典计算领域积累的经验和路径。人工智能训练芯片,长时间以来都只有谷歌和英伟达两家公司能够提供。而华为的最终选择是,要从芯片开始做所有的人工智能基础设施。

2018年的华为全联接大会中,华为发布了昇腾910、昇腾310芯片,以及业界首个全栈全场景AI解决方案,计划打造从算力基础,到开发框架、开发工具、云边端一体化的AI基础设施。经过不到两年时间,这些基础设施陆续走向开放、开源、商用,通过公有云、私有云、计算板卡、移动终端、安防设备等多条产业线与用户和开发者见面。

如果说,昇腾910与昇腾310芯片是两面大旗,华为全栈全场景

AI 是挥师而上的集团军，那么在此前与此后，华为也派出了多路轻骑兵，直扑人工智能技术、算力与解决方案的关键战场。

例如，从 2017 年开始搅动手机江湖的移动 AI 芯片与 HiAI 平台。当业界还在好奇 AI 是个什么东西的时候，与消费体验最近的华为终端，已经将未来押注到了人工智能这个全新命题中。后来事实证明，苹果、三星、高通无一不全力投入 AI。潜移默化间，华为成就了中国终端厂商比美国同行更早抓住时代机遇的一段佳话。

让华为手机与 AI 时代提早握手的方式，是麒麟 970 开始加入 NPU（Neural Processing Unit，神经网络处理器）专项 AI 加速能力，以及同时发布的 HiAI 开放平台。这个平台的价值，在于让手机开发者可以接入 AI 能力，在一个全新技术上打开应用脑洞。随着移动 AI 的高速发展，HiAI 已经成长为"芯、端、云"三层架构全面开放的智慧生态。开发者可以基于 HiAI Foundation 芯片能力的开放，快速转化和迁移已有模型，让 NPU 加速获得更佳性能；基于 HiAI Engine 应用能力的开放，快捷集成 AI 能力与应用。

另一个战场，是近年来逐渐发展壮大的云计算。如果说，HiAI 是通过开发者面向普通消费者，那么 AI 技术更大的需求群体——政企市场——则需要以云计算为载体的 AI 能力与解决方案接入，从而将 AI 真正推向千行万业，承担这一任务的是华为云。面向政企市场的 AI 解决方案称为 EI（Enterprise Intelligence），即企业智能。公有云市场正在伴随企业对智能化技术的深刻需求而高速发展。这一点正好有企业华为云背靠华为技术体系与全栈 AI 能力所构建的优势。

华为云 EI 与华为 AI 基础设施的另一个承接点，是利用华为自研开发工具，提升 AI 开发者效率，降低各行业 AI 应用门槛。这个战略的落脚点，是 ModelArts 一站式开发平台，它提供了海量数据预处理及半自动化标注、大规模分布式训练、自动化模型生成、端 - 边 - 云模型按需部署能力，用户可以快速创建和部署模型，管理全周期 AI 工作流程。

如果企业需要基于公有云的人工智能算力、能力和解决方案，那么华为云能够提供有力帮助。但同时还有大量企业需要在端侧和边缘侧执行 AI 硬件加速，或者服务器需要提高人工智能硬件算力。为此，华为升级了智能计算事业部，推出了提供智能计算的 Atlas 系列产品。Atlas 基于昇腾 AI 芯片，提供包括服务器、加速卡、边缘智能小站、设备端加速模块等系列产品，直接应对边端侧与服务器侧的 AI 算力需求。

除了向业界提供 AI 基础设施与端到端解决方案，华为还积极将 AI 技术融入自身业务体系中。秉承"自己的降落伞自己跳"的华为，率先向业界展示了人工智能与产业的结合。今天差不多在华为每一个业务线索中，都可以看到智能化技术的加持与应用成果。同时，华为还在人工智能人才培养与开发者赋能方面进行了广泛的尝试。例如"华为沃土 AI 人才培养计划"，预计投入 10 亿元人民币用于人工智能人才培养，同时计划用三年培养 100 万名开发者。

通览华为的人工智能技术和产业体系，可以总结出几项布局特点：

（1）全场景：华为进入人工智能赛道以来，内部发生了大规模的技术改造，外部多条产业线进行平台化输出，组成了立体的全场景 AI 基础设施与生态网络。可以说，在华为内部每一项技术体系中，都能找到人工智能；华为对外输出的人工智能技术与解决方案，基本可以覆盖人工智能可能应用的各种业态。

（2）突破无人区：华为 AI 的全栈化架构，和从底层芯片做起的方案，直接填补了业界的底层空白。这对于中国人工智能发展和全球产业格局来说，都有着至关重要的变革作用。

（3）实用化：华为的人工智能解决方案，致力于与实用化的技术融合，更贴近真实需求，提供了完备的产业基础。

（4）普惠：基于满足业界需求和生态赋能，华为引领产业生态和人工智能开发者创新。华为在多个领域努力让人工智能门槛下降，使其成为新的通用生产力。

以上我们快速浏览了华为的人工智能技术和产业布局，以及华为人工智能产业的差异化。以此为基础，我们需要回到起点，回到华为布局人工智能的基础逻辑。

2. 从火种到能源,华为做 AI 的逻辑链

在人类历史上,每一种技术由产生到应用,都必然要经历周期性的不断提升。就像当燧人氏第一次钻木取火的时候,他不会看到人类能用火实现多么奇妙的魔法。房屋取暖、照明、内燃机,显然这些都不在先民的视线之内。为了把火变成人类共享的能源,人类经过了几千年的前赴后继。

这个道理说明了,一个技术的出现当然不易,但从技术原点到普遍应用,要跨过的千山万水往往无声而悲壮。火、蒸汽机、石油、电子计算,莫不如是。人工智能也是一样,当图灵提出人工智能假想的时候,他没有也不必去思考这东西如何作用于世界经济。但把 AI 从技术理论拓展到现实世界应用,这是浩渺时空交给 21 世纪的任务——人工智能很有用,但人工智能到底怎么用?

2018 年 10 月,华为发布了自己的答案:华为在全联接大会期间,由华为轮值董事长徐直军,首次发布了华为的人工智能战略,以及全栈全场景 AI 解决方案。当时外界最关注的是华为发布了"盛传已久"的 AI 芯片昇腾系列,其中包括云服务器芯片昇腾 910 和以边缘计算应用为主的芯片昇腾 310。这是因为"芯片"这个词近几年非常特殊,而 AI 芯片正在成为世界产业竞争的主要目标。

虽然 AI 芯片兹事体大,但是要理解华为人工智能战略,可能要从另外一个关键词——全栈——开始。事实上,两枚 AI 芯片也是华为全栈全场景 AI 架构的一部分,此外发布的体系还包括:芯片算子库和自动化算子开发工具 CANN;华为自己的 AI 推理框架

MindSpore；提供全流程服务的 ModelArts，以及分层 API 和预集成方案的应用使能。

所谓"栈"，是在互联网开发技术中的一个概念。可以将其理解为信息技术中的一个流程。所谓"全栈"，就是华为能够提供从最底层到应用输出的所有人工智能技术。对科技产业和人工智能行业有了解的朋友，不难发现还没有哪家公司打造了如此全面的人工智能全栈方案。由此出发，华为才能提供公有云、私有云、边缘计算、物联网行业终端以及消费终端的全场景 AI 部署能力。

那么问题来了：为什么华为一出手就"大费周章"地打造全系统的人工智能架构？而全栈全场景到底有什么用？为什么不是其他公司率先抢到全栈全场景这个"头筹"？这里包含着人工智能产业自身，以及华为人工智能战略里一条环环相扣的逻辑链。这个逻辑来自华为，但这个故事也不仅关于华为。人工智能一如钻木取火，从看见火种，到打造系统的能源产业，这其中要有无数"摆渡人"轮番上阵。他们要做的工作只有一个：发现，然后解决下一个问题。

那么问题是，今天的人工智能"摆渡人"需要面临怎样的问题？首先我们都知道人工智能是非常有用的，说得肯定一些，我们甚至无法找到哪个行业不能应用 AI。毕竟人工智能是一种机器与现实世界间的交互逻辑，机器能够听、说、看和主动决策，对于任何行业都是重要的。

那么各个行业都用上机器的"听、说、看、想"了吗？显然并没有。这里可以分享几个采访中我们实际接触的故事：有一家橡胶厂，想要制作一个自动检测配料剩余情况的 AI 系统，设计中是利用机器视觉和数据分析技术来提醒工人添加配料。工厂找了某算法公司做供应商，在框架上跑出来的模型效果蛮好，结果安装到厂房里一用，发现系统在该报警的时候不报警，白白浪费了不少原料。这种情况并不少见，今天的机器学习模型往往属于"应试考生"，性能测算问题不大。但在实际环境中部署，要贴合带宽、算力、设备、延迟容错度等多个因素，往往刚上阵就原形毕露。而真正融入生产流水线里的 AI 系统，更是经常出现意料之外的错误。

还有一个工业园区，他们想要把园区监控系统换成智能监控。结果一打听，首先要把园区的摄像头都换成智能摄像头，然后又得知必须把园区里所有电线杆都换成可给摄像头供电、供网的专用电线杆。巨大的工作量面前，人工智能化的梦想只能作罢。

这些企业想要运用人工智能，却被人工智能的"纸上谈兵"给挡在了门外。想要破解这个困难，不仅需要依靠基础科技的创新和创意性解决方案，更重要的是要有一套适合产业的人工智能应用技术体系，让大大小小各种企业都能找到自己的人工智能入场券——于是"全栈全场景"就成了关键词。

从结果逆推，华为实质上是瞄准了人工智能进入普遍应用周期的需求，于是结合自身技术体系给出了解决方案。假如有能满足工业级 AI 应用的算力与训练环境，橡胶厂就可以顺利以 AI 提高生产效率；假如能够构建边缘计算 AI 处理矩阵，园区就不用痛苦地更换电线杆。

今天人工智能在产业实际应用中的问题，是需求太复杂，但能获取的解决方案往往单一。有的用户需要跑通从开发到训练的全流程；有的用户需要大规模部署算力；有的用户需要边缘计算的 AI 能力……千变万化的企业和行业需求，逆推出一个结论：人工智能供应，必须全栈化。于是我们看到，华为打造了从芯片到框架，再到边缘、终端的全栈 AI 架构。用户可以根据自己的需求，以不同的产品形态、技术体系调用华为的人工智能服务，自由选择所需技术组合，达成一体化、自动化、多层次精确部署的人工智能模型。

这就好比一个管家，必须掌握所有的钥匙才算称职。当你能打开每一扇门，才能让你的客人看到所有风景。无论是配合复杂的用户环境、跨技术层次的模型协同优化，还是基于云－边－端协同部署人工智能，都可以基于全栈架构实行灵活拆分和再组合，从而满足使用者的不同需求，这也就是华为人工智能体系强调的全场景能力。人工智能想要从论文和框架里走出来，走到田间、地头、工厂、学校，今天看来必须有全栈全场景 AI 解决方案作为连接桥梁。于是这个逻辑很简单，AI 面对的最明显的问题是什么，华为就针对性地攻克了什么。而接下来我们会问：全栈全场景 AI 很重要，其他公司不知道吗？为什么只有华为动了这个"念头"？

华为之所以发布了目前业界唯一的全栈 AI 解决方案，原因在于"基于华为体系，面向华为需求"。在华为的技术积累中，自然而然产生了面向人工智能的研究能力；而华为的商业布局，又可以让这些人工智能技术差异化，自然流向商业世界。华为首席战略架构师党文栓认为，对华为而言，每一层 AI 架构都是自然而然的。就拿外界看起来最困难的 AI 芯片来说，在华为看来，神经网络芯片本身并没有太复杂，核心是芯片设计和工艺的挑战，而这恰恰是华为多年在路由器芯片和各种芯片设计中已经具备或一直在积累的能力。再例如，算法公司打造全栈 AI 的一个痛点，往往在于云端一体化领域，边缘计算设备、小站、物联网终端硬件等的人工智能部署会成为"命门"。而华为恰好有云、端、边多种 IT 产品的布局优势，不费力就已经打通了各个关键节点。

事实上，在全栈 AI 这个技术密度高、产业协同度高的命题下，华为长久以来布局的 ICT 产业优势，会像山泉汇聚为江河一样带来聚合反应，合作产生 AI 技术解决能力与产品化通道。这个道理基本与围棋里的布局相一致，前面布的子多，后面怎么下都有利。更自然的，是华为 AI 架构的去处。在发布全栈全场景 AI 战略时，徐直军就坦言，即使没人用华为的 AI 也没什么，自己用总归可以。华为一年卖出的 2 亿台手机就是可以用的。全栈 AI 可以说是从华为产业体系中孵化而来，又可以借助华为产业体系获得最大价值——这就解释了为什么华为能做，并且要做全栈化的 AI 架构。

反过来，我们可以再思考这样一个问题：如果华为没有制定 AI 战略，推出全栈 AI 架构，或者在技术投入上稍微"偷懒"，那么接下来会怎样？这或许是今天的企业都必须扪心自问的：面对充满不确定性的未来，我们敢放走人工智能吗？

首先，对于华为这样的公司来说，失去 AI 就等于失去了未来庞大的业务需求。今天产业的 AI 需求，是一个横贯政府、社会基础设施、运营商、各体量企业与科研机构的庞大命题，且与消费终端息息相关。当客户对 AI 的需求不断旺盛的时候，不做 AI 就等于和未来的市场增长说再见，更是加大了被企业市场淘汰的风险。抵御未来风险的最好方式，就是先一步开拓 AI 战略。既然要做 AI，那么华为越早全栈化，就是对客户体系未来需求的越有力的回应。

徐直军在采访中说起 AI 开发框架的时候认为，类似技术是"做了不知道怎样，但不做未来一定会出问题"。全栈化 AI 同样可以套用这个逻辑,当竞争对手开始提供全栈能力的时候,也就是华为现有用户体系动摇的开始。而且全栈全场景化 AI 体系的潜台词,是服务企业掌握了足够的技术灵活性与开放性,可以满足客户企业未来持续的技术发展需求。在智能化这条路上,企业非常惧怕服务商技术难以升级,导致使用技术服务等于变相套牢自己的尴尬。所以 AI 架构的完善性,就成了华为必须一次性找到较完整答案的问题。

更重要的,如果坐看 AI 落地问题扩大,那么最坏结果就是 AI 技术与产业发展整体受阻。历史上两次 AI 之冬都由落地问题而来。面对人类经济体可能普遍受益的通用技术机遇,当然没有人希望再来一次技术寒冬。那么必须有人扛上去的时候,华为站出来并不是一个坏的选择。

我们可以这样总结华为做 AI 的逻辑:过去 AI 产业的发展,积累了待解决问题与市场机遇,也留给华为必须做全栈 AI 的启示;现在,由于华为的产业布局和技术投入,从芯片到框架再到云边端的全栈 AI 体系得到了自然生长;而未来,面对未知中的压力与责任,华为又必须选择将 AI 作为战略中轴——也就是说,在华为拿出的技术体系背后,是基于问题意识和战略预判做出的最优解。面对人工智能时,可能每一家企业都需要用类似的逻辑做出选择。人工智能作为面向未来产业的核心契机,小到华为,大到国家经济体,延伸到每一个个人和组织,都无法放弃运用这一通用技术带来普遍生产力升级的渴望。

毕竟我们已经看到火了。

进一步,得到的也许是能源;撤一步,留下的是一捧灰烬。于是,必须有人承担一些责任。

3. 九个关键词，读懂华为如何思考

在进一步了解华为具体的人工智能产业布局前，我们可能要抽出一些时间，来关注一些相对"形而上"的问题。那就是在推进人工智能以及新的技术聚变时，今天的华为如何思考？

相信大家都知道，关于华为的企业智慧和发展经验，有大量的文章和专著去讨论。这些论述不仅是 ICT 产业从业者和企业管理者的"必备教材"，甚至已经在某种程度上成了"大众读物"。然而有一个问题，那就是关于"华为思考"的解读，更多是关于华为的发展轨迹，或者说其描述的是华为的过去。那么，华为如何思考现在和未来呢？

毫无疑问，华为正处在一个"临变"的奇点。作为一家企业而言，华为面对着新技术、新需求、新市场的成熟，正在加速万物智能的构建，新的产业机遇汹涌升起；站在全球产业化的角度，众多技术轨迹开始由华为引领突破，从跟随者到探索者，华为的行为方式、思考动机，以及社会责任正在发生深刻的变化；而从科学发展规律上看，从计算到网络，众多技术正在临近天花板，身处 ICT 行业中心的华为，开始肩负突破已知科学边界的责任。

2019 年华为全球分析师大会的主题是"构建万物互联的智能世界"。这是华为的长期企业愿景，也是华为希望跟外界分享的战略目标和思考方式。围绕这个主题，我们可以用九个关键词总结华为的思考方式：方向、进程、责任、无人区、创新 2.0、不远的科幻、天花板、挑战者、四条战线。

1）方向、进程、责任：华为的路

今天的华为，究竟在走一条怎样的路？这条路走到哪了？在这条路上，华为肩负着什么？

这些问题，可以引出华为之路的第一个关键词：方向。

事实上，华为对于发展目标的定位和践行非常坚定。2017年，华为宣布了新的愿景使命：把数字世界带入每个人、每个家庭、每个组织，构建万物互联的智能世界。这也应和了2019年分析师大会的主题。这正说明，在实现"万物互联的智能世界"这个目标下，华为已经有了很多可以分享的成果和思考。

华为副董事长胡厚崑认为："智能世界比想象中来得快，已经触手可及。"这一方向在今天已经不是一个宏观愿景，而是落实为具体的产业和技术趋势，真实来到了我们身边。例如，"零搜索"正在让人们在智能世界中不用找东西，而是让东西来找人；人工智能、物联网等技术的成熟，正在通过语音交互技术实现对按钮和遥控的替代，更迭人类的机器交互方式；还有超级视觉、人工智能和5G的突破，正在让AR/VR等技术加速成熟，让视觉突破空间距离障碍，见过去所不能见。今天，人工智能机器人正在以完全不同的方式巡检地下管道，人工智能技术已经让机器具备了某些专家级的眼科疾病检查能力。这些趋势，组合成了万物互联+智能世界的愿景，同时也组成了华为的道路。那么下一个问题是：这条路上，华为的进程如何？

根据华为的预测，到2025年全球将有650万个5G基站、28亿用户，覆盖58%的世界人口，而华为打造的极简、至强、智能的5G网络，会持续为客户创造价值。在5G的革命下，直播、视频、VR/AR都将迎来新一轮的爆发。截至2019年4月15日，已经有了40张5G合同的华为，显然做好了引领若干产业指数级增长的准备。而在人工智能领域，77%的云上应用将可以得到 AI 支撑，97%的大企业会利用人工智能。而在华为的战略研判中，人工智能正在成为加速上云的主要推动力，云的竞争就是人工智能的竞争。

在此基础上，为了更好地践行全云战略，华为在人工智能上完成了两大核心任务：一是基于昇腾芯片的芯片生态建设，用于解决人工智能最核心的算力问题；另一个是基于 AI 开发业态解决 AI 开发难这一产业问题。具备全栈全场景 AI 能力的华为，已经在多个领域践行了 AI 与行业结合的实验，成功在云、计算、终端三大方向上部署了人工智能生态。

在理解了华为的"进程"之后，来看下一个关键词：责任。一家伟大的企业，不仅需要有明确的战略方向和强大的执行力，同时也需要具备深刻的人文关怀和社会责任感。尤其作为技术企业，必须用无温度的技术担负温暖的社会责任。为此，华为推出了 Tech4All 计划，目标是 5 年帮助全球 5 亿人从数字经济获益。胡厚崑解释说，"在构建万物互联的智能世界中，仍旧存在着巨大的数字鸿沟：还有 50%的世界人口没办法接入互联网，甚至在欧洲也有 43%的人口缺乏数字技能。"华为的 ICT 能力，可以在方方面面惠及这些真实存在但很容易被遗忘的场景和人群，例如使用人工智能、云和手机保护哥斯达黎加的热带雨林及蜘蛛猴等珍稀动物。

2）无人区、创新 2.0、不远的科幻：华为如何凝视未来

在我们的印象中，华为似乎总是朴实而低调。作为一家公司，它更多说的是客户与合作，似乎缺乏大众对科技公司寄托的"科幻美感"。而技术研发投入不断增强、对前瞻性技术布局日益充分的华为，其实已

经开始变化，开始更有底气地谈论那些在大众看来尚且遥远的"未来"。例如，华为正在踏入"无人区"——人类在计算机科学相关领域中，正在日益逼近已知理论框架的极限值。人类关于计算和智能的路到底在何方？在这样的背景下，华为来到了缺乏参照系的"技术无人区"：

（1）理论瓶颈正在到来。今天人类对信息科学的创新，主要是把几十年前的理论成果，通过技术和工程来实现。香农定律、CDMA 莫不如此。ICT 产业发展已经遇到了瓶颈，需要新的理论突破和基础技术的发明。

（2）工程瓶颈日益清晰。大家都知道摩尔定律驱动了 ICT 的发展，但今天算力的发展速度正在明显放缓，核心计算能力的提升，正在从每年 1.5 倍，下降到 1.1 倍。

（3）就华为自身来说，当前的创新处于工程数学、物理算法的工程层面，面向未来的未知技术时代，华为的创新动力从何而来？

这些无人区的存在，推导出了华为面对未来时的下一个关键词：创新 2.0。我们知道，创新是华为的生命源泉。持续 30 年、投入上千亿美元研发的结果，是在网络、通信、终端设备，以及大量产品解决方案上，通过技术创新驱动了整个企业的发展。而在无人区临近之后，华为开始思考未来的创新究竟如何开展。顺应而出的产物，就是华为的创新 2.0。华为创新 2.0 的内涵，是基于对未来智能社会的假设和愿景，打破制约 ICT 发展的理论和基础技术瓶颈，是实现理论突破和基础技术发明的创新，是实现从 0 到 1 的创新。其落地思路的不同在于，基于愿景的理论突破和基础技术的发明，将工业界提出的挑战在学术界进行投资，在不确定性中寻求开放、共享的创新。

华为的创新 2.0 将带来什么呢？这也是下一个关键词，它将带来

"不远的科幻"。在人工智能、5G、全光网这些与我们生活息息相关的技术之外,华为甚至开始布局了很多带有"科幻味道"的技术。在下个甚至下下个十年,我们可能会看到这些技术由华为带来:

(1) 光计算:利用光本身的衍射、散射、干涉等天然特性来进行数学计算,可能将计算力提升百倍,打破摩尔定律的限制。

(2) 基因存储:在我们的身体中,一立方毫米的 DNA 就可以存储 700 TB 的数据,相当于 70 个今天主流的 10 TB 硬盘。能不能用 DNA 进行计算存储呢?那或许将在未来彻底解放人类的"存储恐慌"。

(3) 原子制造:如果能够在原子尺寸的层面上直接进行制造,从单个原子开始,直接将其装配成纳米结构,然后再将这些纳米结构组装成更大的微器件,实现"原子到产品"的制造模式,这将可以在理论上把摩尔定律提升 100 倍。这或许可以让人类工业迈入完全不同的纪元。

3)天花板、挑战者、四条战线:华为今天在做什么

说过了未来,让我们再来说说今天的华为。在此刻的 ICT 行业中,华为的机遇与挑战共同存在。传统技术极限的到来,和新技术的快速发展,在倒逼华为不断转换产业身形,去适应外部变革,并且成为技术变革的挑战者。我们知道,2018 年华为研发投入达到 1015 亿元人民币,约占全年收入的 14.1%。根据欧盟发布的工业研发投资排名,华为位列全球第五。到底是什么促使华为投入如此多的研发资金和资源?从外部环境来说,核心原因在于,华为所处的 ICT 行业,正在不断逼近技术"天花板",逐渐达到了某些理论上的极限。这种情况下,没有理论突破、没有技术突破、没有大量的技术积累,基本代表着不可能前进。

而在这个普遍压力下,华为其实迎来了机遇——所有的"天花板",都是对"挑战者"的奖赏。"挑战者"华为,正在重定义技术架构、重定义产品架构、引领产业节奏、重定义产业方向和开创产业。华为在今天就致力于通过创新驱动,重定义摩尔定律、挑战香农极限,做世界上最好的联接。在此基础上,华为在四大主战线上不断创新:联接、计算、云和人工智能,四个战场交织在一起,完整勾勒出了华为今天所尝试的,面向产业和技术极限发起的冲锋。这四条战线,不仅是华为今天的业务落地方案,同时也可以看作是"华为思考"的体系凝结。它们在不同方向阐释着华为如何挑战不可见的"天花板",以及如何走向万物互联的智能世界。

这九个关键词所代表的思考,是华为看待技术、产业布局和商业战略的基本方式。在这个思考背景里,我们能够更准确地把握华为布局人工智能的因果。这些思考的缘起、过程和答案,相信不仅对于华为来说价值独特,对于在这个智能时代生存的你我来说,能带来的借鉴和反思也是不言而喻的。

第 1 章　华为 AI 的底座与蓝图

4. 多米诺效应的起点：昇腾 910 为何重要？

2019 年 8 月，华为官方账号在社交媒体上发布了一条神秘的"周五见"，引发了媒体和社交网络的众多猜测。然而人工智能从业者却对这件事异常淡定。因为大家都能猜到，让华为如此郑重其事留下悬念的，只能是昇腾 910 芯片发布。而问题在于，为什么这款芯片如此重要？

这要从昇腾 910 的特殊性说起。我们知道，AI 芯片有很多种，例如应用于端侧部署的 AI 推理芯片、应用于特定算法加速的 AI 专用芯片等。而其中算力需求最大，也是市场上最稀缺的芯片，是 AI 训练芯片。目前，全球只有英伟达和谷歌提供 AI 训练芯片，其中谷歌的 TPU 芯片只基于谷歌云对外提供服务。也就是说昇腾 910 是第一款国产 AI 训练芯片，它打破了西方世界对底层芯片的长期垄断。而昇腾 910 的出现，将直接影响 AI 开发环境和云计算市场。

我们先回顾云计算产业近几年在遭遇怎样的变化。从 2012 年到 2018 年，全球 AI 算力的需求增长了 30 万倍。而在今天，随着 AI 算力从科研与开发走向产业应用，这个曲线更加笔直地向上攀升。以深度学习为代表的第三次人工智能崛起，基础技术逻辑是以某一目标训练算法模型，然后进行推理部署，达成所期待的耦合效果。这就意味人工智能应用的流程包括训练和推理两大部分。企业想要获取人工智能技术，要么自己训练，要么使用厂商提供已训练好的人工智能能力。而无论是人工智能的训练、开发，还是能力调用、场景部署，都是建立在计算基础上的。而且 AI 任务本身需要大吞吐量、高并发、高延展性的算力，所以云计算是人工智能效率最高、贴合方式最紧密的主要算力提供方案，这一点给云计算产业本身带来非常强大的变化。过去云计算的价值，更多是对已有互联网任务进行支撑，而现在云计算成了获取人工智能能力、开发人工智能能力的主要载体。从"支撑"到"获取"，这完全改变了公有云对于客户和市场的价值。

于是我们看到，人工智能开始成为云计算厂商的主要增长点。今天全球云计算市场的主要趋势是，传统产业巨头 AWS 正在放缓增速，而开始大规模重组整合，以一系列 AI 能力、AI 工具，以及部署灵活性为卖点的微软 Azure 异军突起，以极快的速度成为第二，"云+AI"成了微软最赚钱的生意。为了继续巩固这一优势，微软以十亿美元投资了 OpenAI，意在与谷歌持续竞争未来的人工智能市场。而以人工智能算法能力著称，坐拥 TPU 和 TensorFlow 框架的谷歌云成为第三，云计算业务成为谷歌体系最重要的增长点。

而在国内市场，以人工智能技术著称的百度智能云、华为云成了崛起最快的"两朵云"。不难看出的是，全球公有云市场中，人工智能正在成为当之无愧的王牌。人工智能能力的强弱，也在成为云增长的核心能力标准。那么什么是"云+AI"的核心竞争力呢？

从欧美云巨头的发展轨迹看，专项 AI 算力、框架、能力、开发生态是构成云服务商与企业 AI 需求结合的四大联接点。而其中算力与框架，又是整个体系的支撑，是让用户可以自行研发 AI 模型的基础，价值格外重要。例如谷歌云这两年的快速增长，其实是以其自研的训练用 AI 芯片 TPU 为核心战略，再将开发社区和 TensorFlow 的用户捆绑到自己的云服务中，达成短期快速增长。而为了应对谷歌树立的 AI 开发者之墙，微软、Facebook 等巨头联手打通旗下开发框架，并发布了 ONNX 等跨框架工具。由此可见，专项训练 AI 算力和开发框架，是构筑云计算企业未来增长点的核心。而华为发布昇腾 910 以及自研框架 MindSpore，最直接受惠的当然就是直接应用其价值的华为云。由于业界其他云计算厂商都使用英伟达的板卡作为 AI 算力来源，所以华为云即将成为谷歌云之外，唯一拥有自研训练芯片和自研框架的云服务厂商。这意味着芯片和框架这场"云+AI"的国际顶层竞争里，加入了华为云的坐席。而华为云在昇腾 310 和边端场景的应用布局，甚至构成了比谷歌云更加完整的全栈 AI 能力。一系列云计算市场的变化，都可以从这个对比中看到背后隐藏的逻辑。

我们换个角度，从开发者和 AI 应用企业的视角看看，昇腾 910 将带来什么价值。对于人工智能技术的应用者来说，人工智能分为两个部分，也就是大家熟知的训练和推理，这二者之间的关系就像培养一个人。训练就像上学接受教育，推理就是开始找工作。每个人都知道，换工作比较容易，在学校接受教育的成本就很高了。不仅是要磨炼学生，更是考验家长和老师。对于 AI 来说也是如此，企业应用人工智能能力并不难，但是想要自己训练一个专属的深度学习模型，把人工智能变成自己的专有竞争力可就困难了。

其中最困难的一项，就是训练专项算力不足。我们曾经采访过一位科研界的朋友，他设计了一个将深度学习应用于生物医疗领域的算法模型。但是用研究所采购的专项算力,申请一次四个月,训练一次两个月,出了错误就重来。这种算力情况,直接导致他到毕业也不可能完成研发。大型深度学习模型训练,是耗时、耗能、消耗算力最大的人工智能开发环节,但这一环节也是人工智能开发与创新的基础。如果企业用户和开发者不能独立训练大型模型,那么 AI 将永远停留在表层应用,无法产生差异化创新与深度结合行业的应用。而解决方案也很简单,用徐直军的描述,就是对 AI 训练进行"暴力计算"。只有当 AI 算力强到一定程度,用不讲道理的姿态碾压数据训练,人工智能才能被千行万业应用,成为创新的源泉。

目前来看,昇腾 910 芯片就符合"暴力不讲道理"的"人设"。运用在实际 AI 训练任务中,在典型的 ResNet-50 网络的训练中,昇腾 910 与 MindSpore 配合,与现有主流训练单卡配合 TensorFlow 相比,显示出接近 2 倍的性能提升,每秒训练的图片数量从 965 张提升到 1802 张。

或许我们可以说得更直白一点,华为所指的主流训练单卡,就是英伟达的 V100。事实上,目前能够基于云服务获取的 AI 训练算力,只能来自谷歌的 TPU 和英伟达的 V100。后者基本要通过亚马逊的 AWS 来获取。而根据英伟达方面的指摘,TPU2.0 仅有 V100 二分之一的算力,并且限量出租。于是我们能看到,基于云服务的 AI 训练算力是十足的稀缺资源,价格昂贵且难以预约。这样的产业条件,显然是无法促进 AI 行业真正向前发展的。而昇腾 910 部署到华为云之后,全球开发者拥有了第三个选择,中国公有云市场迎来了首个全栈"云+AI"解决方案。加之昇腾 910 算力比 V100 更强,华为云始终坚持普惠定价策略和充足能力供给,训练这个天梯,或许真正能够获得算力层的解决方案。"云服务+AI"训练算力,是名副其实的产业基柱。但是通往这个基柱的走廊,过去非常狭窄——企业和开发者要忍受各种成本限制,当昇腾 910 接入华为云后,这个走廊瞬间被拓宽。

这里我们可能要再了解一下,与昇腾 910 搭档的华为深度学习框架 MindSpore。长时间以来,深度学习框架都是建立 AI 生态的必争之地。谷歌的 Tensorflow 与微软的 caffe、Facebook 的 Pytorch 在全球范围内展开过激烈竞争。2020 年 3 月,华为的全场景 AI 计算框架 MindSpore 宣布码云正式开源。从框架开源到 AI 开发平台的产业化升级,意味着华为全栈全场景 AI 的软硬件骨干已经全部投入业界实践,成为全球 AI 开发者的能力组成部分。

与其他深度学习框架相比,MindSpore 的特征在于和产业开发真实环境的紧密适配。例如 MindSpore 原生适应端、边缘和云的各种场景,并能够在按需协同的基础上,通过实现 AI 算法即代码,打通架构和编程之间的固有界限,减少 AI 开发者的模型开发时间,降低开发门槛。另外,MindSpore 基于技术创新及与 AI 处理器的协同优化,实现了运行态的效能提高,并且支持异构并行计算。

总体而言,MindSpore 最显著的特点在于,它能够同时支持云、边缘、端各个场景独立又协同的统一训练和推理框架,这解决了开发者们"开发易、部署难"的长期痛点,直接将 AI 开发对准了产业实践方向,与华为的鲲鹏产业、Atlas 生态紧密融合。MindSpore 与欧美主流框架多数诞生于科研场景、实验室场景不同,它是一款完全致力于工业场景、部署能力和开发实践的框架,是深度学习框架与产业化 AI 开发的紧密结合。

顺着昇腾 910 的产业逻辑再往下看,会发现华为带来的差异化能力,是全链条、无兼容成本的人工智能培育。人工智能训练算力对于云服务之所以重要,一方面是因为它本身对应着人工智能产业发展中的重要需求;另一方面,它也是全栈 AI 链条中极重要的上游支撑。这意味着企业用户可以基于华为的人工智能体系,完成从"训练 - 开发 - 推理 - 部署"的全部生产到应用环节。这一链条的主要受益用户,更多是自身有大量可训练数据,并且要求 AI 技术满足差异化、行业垂直化需求的企业用户,例如:

(1) 对 AI 研发有重度需求的互联网企业、高科技企业,以及有 AI 创新渴望的科研机构、开发者。

(2) 需要训练大量数据,并进行稳固部署,对 AI 安全有高度要求的大型政、企、研究机构。

(3) 对行业 AI 能力有深度研发、训练需求的传统行业 +AI 场景,其中尤其以工业场景为重心。

让这些机构能更简单地应用到人工智能,其中孕育的变化,让我想起了一种我们已经习以为常的设备:咖啡机。千万别小看这台机器,把咖啡从研磨到煮沸、冲泡的全流程,集成在一台设备里,是人类非常伟大的发明。它改变了咖啡原本的制作规则和制作门槛,让咖啡随手可得,咖啡馆开遍大街小巷。口味更多、等待时间更少、操作更简单,咖啡机让这种饮料真正普惠了,甚至将咖啡从一种少数人的贵族雅好,变成提高社交效率和工作效率的生产力工具。

华为的昇腾910与全栈全场景AI,其实就是把"研磨、冲泡"等各种AI流程,集中在一台"设备"中,让开发者和应用者不需要去这里磨咖啡豆,去那里请人帮忙煮咖啡,再花三天三夜等待——而集成的前提,是每一项关于"AI咖啡"的能力必须完整。

这个完整度,也就是华为所说的全栈AI。通过自研芯片降低成本,提升算力;基于开发框架和开发工具降低开发难度,提升应用效率;基于全栈架构降低兼容门槛;基于全云服务提供灵活可控、高集成度的AI基础设施。华为这些举动最终的指向,是尽可能达成人工智能训练与应用中的成本压缩和效率提升,让人工智能从科研环境下的理论可用,转化为工业生产环境下的产业可行。

徐直军在昇腾910发布会后回答记者时明确表示,昇腾会像麒麟一样走向"不归路",即全栈全场景AI能力将会不断迭代滚动发展,AI将成为华为长期发展的战略方向。昇腾910真正指向的是AI门槛的规则改写。人工智能的普惠之路任重道远,在华为和众多科技企业的推动下,确实能看到"云+AI"的基础规则已经改变。

人类这种生物,从来没有在技术和生产力上退后过。

5. 华为号，决定穿越计算光年

与人工智能关系最紧密的一门技术，毫无疑问是计算。某种意义上来说，深度学习之所以能取得不错的成绩，直接来自全球互联网发展筑造的云计算体系。庞大充足的算力是支撑人工智能前进的能源。而计算，也是华为在构建智能世界的目标中，最着重发展的技术体系。

若干年来，全球已经开始面对多种多样的计算挑战。例如摩尔定律接近极限、智能化带来了"算力黑洞"、全球数据厄尔尼诺，种种关于计算的警示灯正闪烁在地球上空。此时，如果你是计算世界的宇航员，你会穿过黑洞与星暴，把目标定在光年之外的未来家园吗？

2019年，我们熟悉的"华为号"，决定向充满未知的计算宇宙全面加速。在2019年的华为全联接大会上，华为首次公布了计算战略，详细披露了华为在计算航道上的思考观察与行动方案，并且发布了全球最快的AI训练集群Atlas 900。或许对于很多人来说，华为的名字很少与计算这个词联系在一起。事实上，华为在计算领域已经经历了长久的积累，并且完成了很多超越想象的人工智能+计算的壮举。

光年听上去是个时间单位，实际是个距离单位，它也往往代表一

种心理意象。光年意味着极度的遥远，代表着人类寿命穷尽也无法完成探索，代表着那些远方未知留下的恐怖——光年之外是什么？我们时常想知道，却似乎永远无法知道。关于计算，人类今天已经体会到了这种"光年之怖"。当我们需要一个极大算力时，人类怀着对结果的美好期待，但也担心掉进摩尔定律极限的黑洞里，发现我们永远也不可能完成这次计算。

这种感觉，在天文学中尤其常见。平方千米射电阵（Square Kilometre Array，SKA）是天文学界大名鼎鼎的巨型射电望远镜阵列。这一项目预计在全球十几个国家和地区，建造由数千个较小碟形天线构成的射电天文望远镜组合，用以突破人类能观察的宇宙极限，探索宇宙拉伸、早期星云运动、引力波，甚至地外生命之谜。但是这样一个巨型天文项目，首先遇到的瓶颈却来自计算。SKA 作为全球最大的科研设施，每年要归档 600 PB 的数据，这比全球互联网产生数据还要多。换句话说，没有充沛算力，人类即使"看"到了外星人，也只能"视而不见"。由于算得不够快，光年之外就只剩下黑洞，而非人类科学的家园。这样的问题还发生在基因、地球勘测、医药开发等种种领域。技术带给人类福祉的极限，往往就是算力的极限。

类似的黑洞气味，其实还蔓延于现实世界当中：今天 CPU 的制造和迭代由英特尔、AMD、IBM 三家把持，AI 作为全新的计算方式，算力硬件也控制在谷歌和英伟达手中，产业结构寡头化，造成算力突破周期越来越缓慢。到 2025 年，全球 AI 计算需求将达到全部计算的 80% 以上，这一背景下，大量计算需求无法被满足，大量计算场景无法被纳入算力的服务对象。从算力强度，到计算的协同性、泛在性、联接程度、产业渗透度等，一系列的计算极限都限制了人类的生产、生活。

当然,极限的反面是突破极限。能穿破计算光年,把黑洞变成家园的唯一办法,就是触发计算速度的奇点。从历史上看,足够的速度是一切的开始,大航海时代、工业革命时代、信息时代莫不如是。算力不足,想象力就无法递进到产业关系中,所有关于人类未来的美好预言就都是泡沫——这是人类共同体的挑战,也是科技产业的机遇和责任。

把突破算力极限和探索宇宙相提并论,一点都不夸张。华为发布的 Atlas 900 AI 训练集群,就是一款堪称能用于天文探索的"庞然大物"。这款由数千颗昇腾 910 芯片连在一起组成的 AI 算力硬件,在 ResNet-50 测试中,以 59.8 秒的成绩位居全球第一,在同等精度下比第二名快 15%。

回到上文中 SKA 的难题。SKA 总干事菲利普·戴蒙德认为:"对未知的探索是 SKA 全球项目的驱动力,每年 SKA 大约存档 600 PB 的数据,AI 对这些海量数据的快速处理和分析有不可估量的价值。"大规模 AI 算力,可以解决庞大宇宙数据带来的天体识别和分类难题。通过华为云 EI 集群服务对 SKA 提供的 20 万颗星图数据进行搜索,只用了 10.02 秒。而这一工作交给有经验的天文学家,则需要 169 天。

这样的算力突破,可以直接影响人类探索宇宙的工作模式。天文学家不再需要发现了什么赶快研究什么,而是可以大胆提出假想,交给 AI 去搜索和求证。更进一步,很多有关天文的脑洞都可以自华为云 EI 集群云服务打开,例如星云搜索、对突发天文现象的实时观测、空地协同天文观测、对特殊星体如彗星、白矮星、超行星诞生的探索等。当算力之眼足够强大,人类认识周围空间的方式也将呈指数级增长。

Atlas 900这台"大家伙",目前已经部署在华为云上,为科研界与学术界提供华为云 EI 集群服务。对于产学各界来说,这将直接影响到 AI 应用以及 AI 对学术探索的赋能。除了天文之外,气象预测、地质勘探、石油钻井勘探、基因测序以及 AI 医药开发,都可以通过华为云提供的华为云 EI 集群服务获得质变。关于人工智能,其实今天中国大地上有太多想法和算法等待验证,奈何谷歌的 TPU 集群非常难以获得,英伟达的 GPU 集群也格外昂贵。而基于华为云提供的 Atlas 900 AI 训练集群,价值在于能够帮助用户降低成本,量化所需 AI 算力,同时免去线下搭建 GPU 集群庞大的建设、场地以及运维开支,真实提升各行业的 AI 探索边界。

这里我们又会触发一个公众得知华为做人工智能时的类似问题:为什么华为作为一家以网络技术知名的公司,可以在计算领域搞出这么大的动静?

让我们回到 Atlas 900 中寻找答案。这款基于昇腾 910 搭建的计算集群之所以能达到世界第一算力,其实容纳了非常多的技术细节。目前,英伟达 GPU 和谷歌 TPU 集群相对知名,但它们却被华为云 EI 集群服务一举超越。背后很大原因在于,芯片组成集群会面临大量算力优化难题,往往会出现 1 加 1 小于 2 的状况。例如线性度指标下降问题、网络时延问题、散热问题等,都是 AI 计算集群中的常态。

而在 Atlas 900 集群服务背后,其实融合了华为多个层面的技术创新:达芬奇架构的创新和深度应用,确保了华为云 EI 集群服务的效率基础;而对计算硬件的理解能力,保证了华为云 EI 集群服务的线性指标良好;华为网络技术的融合,促使华为云 EI 集群服务联接效率更高;而华为在基础科研领域的布局,解决了华为云 EI 集群服务的能量转化与散热的难题。从 Atlas 900 集群回看，会发现华为计算体系中的每一个技术突破和产品创新，无论是小到耳机芯片，大到 AI 算力，都是众多技术融合得出的成果。并且，华为的技术模块还在不断加速碰撞融合，衍生出新的产业支撑点、新的生态汇集路径。

从 2004 年开始研发第一颗嵌入式处理芯片算起，华为在计算领域已经布局了十多年，投入了超过 2 万名工程师，成了世界唯一同时在计算架构中拥有 CPU、NPU、存储控制、网络互连、智能管理 5 大关键芯片的厂商。

看看计算史，我们会发现一场激变正在酝酿。计算的速度和包容度，就像人类的交通工具一样，经历了几个时代的更迭。17 世纪，法国数学家布莱士·帕斯卡发明的齿轮驱动机械机器，开启了计算的"漫长步行"；1950 年，冯·诺依曼开启了计算界的"蒸汽机时代"；20 世纪 90 年代，互联网和云计算掀起了燃油车般的狂飙突进——那么计算的太空时代，或许会因为全球经济对人工智能的需求而到来。人类对计算的需求，从物理统计到虚拟求解，再到网联化计算，最终来到了让计算去代替人工寻找部分答案、执行部分工作的智能时代。

而 Atlas 900 集群包含了 AI 计算架构的升级、AI 算力界限的突破、AI 与产业应用关系的扩张，可以说是智能与计算融合时代的典型代表。把这个时代的特征，视作华为计算产业的发展方向，可以清晰描画出华为计算的发展坐标：AI 处理能力与通用计算相结合、计算发生在从云到端所有场景、智能算力融入生产力核心。从 Atlas 900 当中，我们可以简洁理解华为发布的计算战略。如果说智能世界所需要的计算是目标，突破目前算力极限是任务，那么华为这艘计算与人工智能的"飞船"，就需要做四件事情：

（1）更换能源。煤炭不可能把火箭送上天，智能时代似乎也无法继续以现有的计算架构为燃料。所以华为发动计算远航的第一个决定，就是寻找新的架构能源。于是在摩尔定律接近极限的情况下，我们看到了华为的达芬奇架构，它既释放了AI计算的能效，又为全场景、全终端融合做出了准备。

（2）建设大量引擎。《流浪地球》中，我们见识了整个星球密密麻麻的引擎。在AI算力需要流入各产业周期时，大量的芯片引擎也就成了华为的目标。为此，华为将投资全场景处理器族，我们已经知道的鲲鹏、昇腾、麒麟、鸿鹄，都是华为在未来计算航行中的发动机。目前，我们可以将AI基于昇腾、通用计算基于鲲鹏，看作华为计算飞船的产业双翼。顺延两翼，推动处理器族的繁荣，推动差异化解决方案；融合两翼，推动华为云高强度产业计算支撑力，激活智能时代，是华为的未来。

（3）轻装上阵。有一个说法，设计飞行器时最难的不是添加部件，而是扔掉无用的部件。在华为看来，既然纯粹的计算探索需要繁荣生态作为产业支撑，那么华为就要扔掉这条路上无用的东西，哪怕那个东西叫作利润。在计算产业中，华为已经决定在合适时机放弃整机的销售，只为客户提供云服务和产品部件，并且推行硬件开放、软件开源，用轻装上阵的商业策略，支撑计算生态的良性远航。

（4）赋能航群。毫无疑问，星空之旅不能华为独自完成。完善繁荣的产业生态，是探索计算奇点的必由之路。为此，华为决定大力培养开发者，加大生态支持力度，惠及合作伙伴，用生态基因挑战计算产业边界。

通过这些战略抓手，准备好飞跃星群的"华为号"，在计算进入智能时代的大背景下，最终指向无所不及的智能，指向产业想象力的突破。基因测序、医药、石油勘测、天文学，这些领域都需要智能与计算的高强度融合，需要暴力计算的支撑；各行业的产业智能化，需要计算云边端一体化智能算力的支撑；个人感官与能力的进一步延展，需要无所不在的泛在算力。在第三次工业革命中，我们见证了信息化技术往往由一家公司为代表，带动产业链和全球经济整体前进。为什么这样的情景不能发生在这个时代，不能上演于中国呢？

第 2 章
华为手机中的 AI 密码

把时间倒回 2017 年,当时可能大部分用户都不会想到手机中会出现一个叫作人工智能的东西。短短几年后,我们已经习惯于和手机中的智能语音助手对话,习惯了使用各个 App 标配的人脸识别,或者爱上了 AI 美颜和 AI 拍照。而这一切改变的源头之一,是 2017 年华为推出了业界首款搭载 AI 专项处理器 NPU 的麒麟 970 芯片。

从那时起,端侧 AI、HiAI 开发平台、分布式 AI 等关键词成了移动互联网产业的热门词汇。人工智能开始通过手机逐渐影响我们的生活,并且成为决定手机体验和性能的关键因素。华为手机中的人工智能故事,甚至早于华为宣布整体的人工智能战略,扮演着先锋和探索者的角色。进一步了解华为的人工智能世界,必须先回到毫厘之间的智能手机中的移动芯片里。故事开始于 2017 年的秋天。

1. 华为移动 AI 的原点：麒麟 970 与 NPU

客观来说，在手机中获得人工智能体验，并不是一件新鲜事。作为一种软件技术，人工智能早已应用于多个领域，例如翻译软件、信息流推荐、搜索引擎等。手机当然也能获取这些能力，因此我们的手机中早就暗藏了人工智能。但在 2017 年 9 月，华为发布了麒麟 970 芯片之后，移动终端产业与人工智能的关系发生了剧烈的变化。

在 2017 年的柏林国际电子消费品展览会（International Funkausstellung Berlin，IFA）中，华为发布的麒麟 970 芯片是业界首款搭载 NPU（Neural Processing Unit，神经网络处理器）计算模组的移动芯片。麒麟芯片由华为海思研发，只供华为手机使用，也是中国目前唯一的高端移动 SoC（System-on-a-Chip，集成电路设计）芯片品牌。而华为麒麟 970 搭载了 NPU 模块，也意味着中国企业引领了全球移动产业对人工智能的探索。

这件事的价值在于,它开始让复杂的人工智能计算进入移动终端本身,从而打开了移动 AI 的全新命题。

此前,无论是机器翻译还是图像处理相关的人工智能算法,其基本上是由云端计算来提供算力,再通过网络回馈到用户的手机上。这样做的原因在于,人工智能在众多层面上都呈现出了全新的运算关系。例如它有别于传统的二进制运算体系,更趋近统计学运算方式,可以面对更复杂的算法以及分布式的任务处理。这些特征让传统的 CPU 难以负荷。一方面,机器学习等 AI 任务需要更大的算力和能效;另一方面,传统运算处理方式在进行 AI 任务的矩阵乘法等运算时指令步骤过多。这就导致复杂的人工智能任务,必须转移到云端完成。

云计算与人工智能,毫无疑问是必要的搭配。但因为云计算必须建立在网络的基础上,这个搭配在很多场景中并不合适。例如说在无人驾驶车辆中,大量重要的人工智能计算必须在车辆本身的计算系统中完成。在驾驶中出现意外情况,如果遇到云计算体系卡顿延迟,或者网络出现故障,那么后果将不堪设想。

同样的道理,在手机中也是一样。如果我们把所有手机中的数据都上传到云端进行智能化处理,那么首先需要的时间过长,用户不能得到实时化的智能体验;其次,如果用户将隐私数据上传云端,可能带来一系列的安全保障问题;再者,如果手机来到无网区域,手机就有很多功能无法实现,那么用户体验显然将大打折扣。

所以在麒麟 970 中,华为手机率先启动了一个创新思路:在芯片中加入 NPU 处理单元,让手机里大量的人工智能计算在端侧就可以完成。而这也意味着华为将人工智能确定为手机能力的长期发展方向。

从技术衔接点来看，人工智能在手机中的应用主要体现在三个领域：视觉领域（拍照、图像处理、视频拍摄和 VR/AR 等）、语音领域（语音交互、翻译等），以及对用户的学习和理解。如今我们可以看到，这些能力成了智能手机的重要卖点，尤其是人工智能与摄影的结合，某种程度上已经改变了手机摄影的规则。

麒麟 970 当中集成了一个 8 核的 CPU、一个 12 核的 GPU，以及专门处理 AI 任务的 NPU 模块。在这个体系中，CPU 负责通用计算任务，GPU 负责图形处理计算，而 NPU 则提供神经网络运算能力，解决需要卷积计算等运算方式的 AI 任务。换言之，明确的任务指向架构给 AI 应用提供了最大化的能效配比与独立运算空间，给在终端上完成 AI 应用工程化提供了条件。

对于用户来说，独立的 AI 运算单元带来了三个层面的应用提升：

（1）从无到有的 AI 应用。云端进行 AI 计算再传输到终端，很多时候不是计算效率的问题，而是计算过程让应用本身卡顿严重，无法达成使用条件。基于终端的 AI 计算则可以凭借能效和性能的提升带动 AI 应用从无到有。而麒麟 970 的架构在处理同样的 AI 任务时，得到了 50 倍能效和 25 倍性能提升。更快的速度不仅是流畅性能的代表，更是对 AR、动态捕捉这类泛 AI 应用临界值的突破。后面我们将看到，都有哪些应用在 AI 的基座上完成了从 0 到 1 的进化。

（2）现有应用的升级与延展。我们熟悉的各种移动应用，都已经加入了人工智能能力。例如，微信里的语音转文字识别、支付宝的刷脸支付、淘宝的拍照搜索等。但由于缺乏对应的运算环境，社交、内容、图片处理甚至游戏等应用都难以大量释放 AI 能力。而在终端运行的针对性 AI 计算能力，则可以解决这些问题。语音、机器视觉和机器学习能力的延伸，成了近两年 App 主要的提升方向。

（3）无网体验增强。以拍照、图片处理、游戏为主的 AI 功能，在用户交互的逻辑上是完全的闭环，并且非常强调体验感与配合度。假如这些领域的 AI 处理大量依靠云计算的话，那就会造成用户指令响应的普遍延迟。终端进行 AI 计算，最基本的特征是完成了无距离运算，可以在获得 AI 体验的同时避免延迟，也就让这类应用的体验度跟上了用户需求。另一方面，终端计算 AI 也可以避免在断网或者网络信号差的情况下 AI 功能失灵。应用角度的价值之外，AI 计算回归终端，也是对用户数据的保护。

我们知道，此前一些著名厂商的用户隐私数据泄露事件，起因就是手机厂商默认要将用户图片上传到云端进行优化处理。而如果云端数据库出现泄露，那么用户图片也随之外流。而且在不告知的情况下将用户数据上传，本身也具备不小争议。麒麟 970 将 AI 计算置于端侧的思路，可以保证智能体学习用户、了解用户，提供实时化的人工智能能力，同时也确保了用户数据与隐私始终存放在终端里，不会有泄露和被暴力读取的可能。

从另外一个视角上看，华为提出移动 AI 战略的目标，在于打破手机产业的线性发展和同质化竞争。近几年很多声音认为，手机更新换代速度的暂缓和产品出现天花板，原因在于智能手机的功能和服务模式被高度固定化了。手机厂商出于用户洞察和战略竞争考量，从硬件架构到运算体系都严密遵循一套体系，导致手机很难发生定义上的突破，也难有实质性的新能力出现。这被称为智能手机的线性发展阶段，手机上的一切都按照固有路线图前进，不能绕道也不能自创新路。而人工智能技术的出现，则打破了手机的线性发展。后来我们也确实看到，随着移动 AI 能力的到来，NPU 模块成了麒麟芯片的固定单元，华为连续几年推出了令人印象深刻的旗舰机产品，快速跃升为全球第二大手机厂商。在端侧搭载人工智能计算模块，也成了苹果、高通等移动芯片厂商共同认可的道路，最终演变成移动芯片产业的新常态。

从中我们或许可以得出结论：移动 AI 的价值得到了全球手机用户的认可，也构成了华为消费者业务快速增长的全新引擎。

2. HiAI，跟开发者打个招呼

在手机中搭载 AI 算力，这件事本身并不能让用户感知到人工智能的价值与魅力。就像我们看不到云计算和无线网络，但通过具体的应用和功能每天都从中感受到价值一样，人工智能也必须通过具体的应用和功能，才能完成与用户体验的对接。

利用麒麟芯片提供的 AI 专项算力，华为手机推出了一系列人工智能相关功能，其中 AI 摄影大师等能力广受好评。但华为的软硬件团队显然不能完成所有移动应用开发，想要让手机中的人工智能算力物尽其用，就需要无数智慧的头脑共同努力。

所以在麒麟 970 上市之初，华为也同步发布了赋能开发者的 HiAI 架构。利用这个平台，移动应用开发者可以调取华为手机中独特的人工智能能力，通过多种方式与自己的开发工作进行联接。也就是说，HiAI 是华为移动 AI 战略与全球移动应用开发者之间的桥梁。想要理解华为带来的人工智能红利，关键点也在于此。我们可以来看看，HiAI 解决了人工智能和移动开发中的哪些问题。

首先是降低了移动开发者使用人工智能的成本。

在 HiAI 架构和麒麟 970 芯片到来之前，移动应用开发者如果想尝试 AI，基本方式是购买云服务商的 AI 相关算力与服务，这会带来非常高的测试与部署成本，并且不一定能与最终的部署环境兼容。显然小开发者、创业团队是很难承受从头开发 AI 应用的时间、技术和费用成本的，中大型移动应用团队则无法承受价值不确定性和战略压榨。

HiAI 架构带来的业界改变在于，它开发了端侧 AI 运算能力，开发者可以规避掉过高的成本压力。HiAI 架构面向开发者提供完善的 AI 技术引擎和全套接口，也就让开发者拥有了可以针对性实现 AI 能力的平台，避免了高企的技术难度和烦琐的开发流程。

另一方面，HiAI 架构主动适配了主要 AI 领域的开发需求，提供视频、拍照、AR、电商、社交、翻译六大领域的解决方案，并且全面开放了芯片能力、应用能力和云端能力。这样移动 AI 开发中的关联技能或者不同程度的开发升级，都可以借助 HiAI 来达成，实现应用的强成长性。而对于已经具备 AI 开发经验，想要将模型移植到手机场景的开发者来说，在 HiAI 架构非常强调的开发应用层能力中，集成了通用深度学习开发框架，兼容各种开发方式，也能让不同能力和经验的开发者找到自己合适的领域。

HiAI 架构的另一个目标，是通过开放应用层的人工智能接口，使开发者在不懂 AI 算法的情况下也能开发高质量 AI 应用，完全聚焦在应用的体验和业务实践当中。通过工具化、全辅助式的 AI 架构支持，HiAI 希望让开发者重新回到商业和创意本身，而不是在大量学习、试错和数据积累中才能完成初步的人工智能应用开发。

2018年，华为发布了HiAI 2.0版本，为开发者提供了细颗粒模块以及大量新的API和算子，让利用麒麟980进行AI开发变得更加容易。相比HiAI 1.0，HiAI 2.0支持更多的框架，由90个算子升级到150个，工具链和兼容性上完成了全面升级。基于HiAI Foundation的集成开发周期，由原先的3个月缩短为1周，极大地提高了对开发者的友好性，直接让更多新锐AI应用可以在HiAI平台上诞生并落地。同时HiAI架构还在不断升级与基础软件、云端服务的配合能力，多端协同的AI体验开始成为华为手机的新亮点。这时，业界已经出现眼花缭乱的手机AI功能，并且在翻译、视频、购物、AR等领域陆续诞生"网红级"的人工智能应用。例如有道翻译，就通过HiAI的能力加持，让离线翻译速度提升了30%～40%。

2019年，HiAI迎来了3.0时代，也开启了华为分布式AI的新阶段。这年7月，在首届全球开发者大会上，华为首次对外发布了自有系统鸿蒙（HarmonyOS），引发了中国科技界的强烈轰动。

显然，鸿蒙引发热议的核心原因在于美国带给华为的一些"压力"，以及由此引发的华为可能被禁用安卓系统的风险。然而在技

术从业者和科技产业内部的视角来看，鸿蒙更大的价值在于其技术特性。根据华为的表述，鸿蒙被定义为一个基于微内核的面向全场景的分布式操作系统，拥有分布架构、内核安全、生态共享、天生流畅四种技术特性。

其中，鸿蒙系统的分布式技术和硬件虚拟化技术，是它区别于谷歌的安卓、苹果的 iOS 等移动终端操作系统的核心。分布式系统的核心差异在于，它能够打破不同设备之间的界限，实现跨设备的系统级打通。这让鸿蒙自诞生之初起，就不仅仅是一款手机操作系统，同时也是面向多终端物联网时代的操作系统。

也就是说，鸿蒙不仅仅是一个"备胎"，而是一个"更好的、不同的胎"，它不仅能备用，还能在操作系统上，实现华为面向智能手机与物联网产业未来的雄心。

从方舟编译器，到 EMUI 10.0 与此后的新版本，华为一直不断向前发展"分布式系统"能力。同时，华为在 2019 年 5 月宣布了"1+8+N"全场景智慧生活战略，即在手机之外，打开穿戴设备、计算机、平板、车机等 8 项华为自有品牌终端，以及基于华为 HiLink 联接的广泛物联网产业。华为物联网矩阵在技术领域的核心差异化，也在于"分布式系统"和硬件虚拟化能力。

这不仅是鸿蒙的轴心，同时也是华为在移动终端领域部署人工智能能力的下一个目标。HiAI 3.0 版本也与分布式系统、硬件虚拟化能力紧密相关，带来了分布式 AI 技术。

这个听起来有点神秘的"分布式 AI"到底是什么，需要先从一个多终端的世界说起。

手机、平板、智能穿戴设备、计算机、电视、车载终端、智能音箱、无人机……每个人的生活里现在都有数量巨大的终端设备。但是它们彼此的关系却是孤立远大于联接，往往我们拿到了一个设备，就要学习一套新的使用方法。而新设备想要与手机连接，基本只能通过App和二维码、短信，来发生一些简单的浅层关系。

多终端的问题，某种程度上是一个隐患：当终端越来越多，用户将很讨厌无尽的学习成本和低效的联接模式；开发者将消耗大量时间与金钱，只为了将应用搬到一个个不同的设备上；社会生活的效率，也可能在一个个终端的拿起放下中被普遍拉低。

对于这个复杂的问题，是否能有一种技术上的解题思路，让消费者不抛弃时代馈赠的科技礼物，也不至于在手机和多设备的混合中焦头烂额？

华为的答案就是在鸿蒙系统中展露的"分布式"技术。

所谓"分布式"其实并非一种技术，而是多种跨领域软件技术的集合，其中包括一系列分布式计算、存储，以及硬件虚拟化技术。这些技术解决方案集合到一起的目标只有一个：把现在的硬件系统全部敲碎。

当然，敲碎的并非是物理层面的硬件，而是在硬件能力层面把一个个终端打碎，变成能力上的最小集，再基于这个结果，把硬件能力重新组装到一起。

或许我们换个说法，更有助于大家理解其中的逻辑：我们今天面对的硬件，绝大部分只能基于应用进行连接。但硬件往往并非只有应用，而是拥有一群不同能力的硬件模块。

例如，一个手机拥有显示屏、通信模块、摄像头、麦克风、计算模块等；电视拥有显示屏、摄像头、麦克风、遥控装置等；手表拥有显示屏、传感器、麦克风等。

上述这三种硬件都有显示屏和麦克风，那是不是可以在网络条件允许的情况下，将这些显示屏和麦克风直接联接起来，这样你对着手机、手表的麦克风说话，其实也就是对着电视的麦克风交流；手机显示屏看着小，可以把内容移到电视上观看。

这种逻辑下，硬件不仅可以互通，还可以互助。例如手表的显示屏肯定不会有多好，那么是否可以让手机计算好图像，再直接传到手表这里，提升手表的显示效果？

基于分布式技术和硬件虚拟化、软件总线技术，华为将各种终端的能力进行了池化，都集中在一个虚拟大平台上，变成了一个你看不见，却拥有手机、穿戴设备、电视、计算机等各种终端能力的超级终端。

这个变化，始于鸿蒙背后的一项巨大工程：将各种终端的硬件能力进行层层解耦，把打碎的硬件形态拆分到最小化程度，变成一个个独立的驱动文件。

基于这些硬件能力的最小集，在网络联接和端云计算能力的帮助下，我们就可以将自己的硬件体系进行"能力上"而非"应用上"的联接，真正做到跨终端设备的一体化。

这就像智能设备时代的活字印刷术，分布式技术把一块块碑刻拆分到最小，变成一个个字，再用这些字组成千变万化的内容，形成了跨文献的印刷效率。所以华为消费者业务软件总裁王成录博士说，分布式技术是打开全场景智慧生活的钥匙。

关于分布式技术，武侠迷可以想想古龙描写的一口箱子，箱子里的部件灵活组装，就能变成一把把攻克不同敌人的武器；动漫迷可以想想变形金刚，它们之所以能变形，就是因为身体是由"分布式部件"组合到一起的。未来的我们，将可以把各种设备的硬件能力，组合成我们自己喜欢的样子。

把分布式技术的特征，应用于华为的 HiAI 平台，让分布式技术与 AI 技术融合，就构成了 HiAI 3.0 的"分布式 AI"特性。通过能力池化和资源的模块组装，HiAI 3.0 破除了 AI 开发对手机入口的依赖，让 AI 技术与物联网整体融合，从而实现分布式 AI 的开发生态。

HiAI 3.0 可以支持多终端共享 AI 算力，让端侧 AI 走进分布式系统中，开发者能够快速地利用华为设备中的端侧 AI 处理能力，实现更自由的多设备 AI 开发。

这样一个开发平台的主要改变在于，它改写了 AI+IoT，即人工智能+物联网设备的基础联接模式。一般来说，AI+IoT 的多设备交互手段依赖于语音接口或者网络接口，但这样带来的 AI 能力都有很大程度的限制。而 HiAI 3.0 则通过底层系统的分布式技术实现互通，这样硬件厂商实际上可以更好地发挥自己的长处，把 AI 能力做到更精细、具体，实现更富有创造性的 AI 场景。

举个例子，借助华为 HiAI 3.0 的能力打通不同设备后，用户可以在健身时将手机上的动作示范视频在电视上播放出来，同时借助电视的摄像头进行动作采集，将用户的动作传给具有端侧 AI 能力的手机进行骨骼检测，再把检测结果和建议通过电视传递给用户。这样用户不仅能看清教学视频，也可以通过教学视频纠正自身姿态，从而完成多设备协同的智能健身场景构建，并且不需要频繁下载各种 App 以及进行若干扫码联接。

在华为看来，未来的智能终端世界，将是无处不在的分布式 AI 设备围绕用户的需求形成一个"超级终端"。各种生活、工作场景里，终端设备都将实际了解用户的需求，提高真正充足的"智能"。

多终端分布式AI技术刚刚踏上它的起点，但改变确实已经发生。影响智能手机、个人物联网设备以及开发者生态的种子已经被种下，其中蕴藏的能力，让不久后的未来值得期待。

落子即求道：方寸间的麒麟简史

至此，或许我们有必要回溯一下故事的源头，去看看作为移动 AI 和 HiAI 平台基础的麒麟芯片。打造自己的移动芯片，是华为所作出的最惊人决定之一，但这也在人工智能技术到来时，成为华为终端高速发展的最大动力。

某种程度上来说，移动芯片与围棋具有奇妙的相似性。从意象上考虑，与棋枰最相似的就是芯片。棋枰是十九路纵横，芯片则要在更小的尺寸里密凿数亿个晶体管。而在纵横捭阖和方圆规矩外，芯片与弈棋其实还有更多相似的东西。《淮南子》记载，尧造围棋为传家国大道，而拇指大小的移动芯片，要撑起偌大个移动时代与手机产业，也可谓是一种"大道"。

回顾整个华为麒麟芯片的发展历史，很像是一个棋手在对弈时的布局、中盘与杀子，布局里经常能看到勇气和智慧的展现。对于华为终端来说，对芯片的精准布局和预言，可以说是一切故事的开端。华为芯片的历史可以追溯到 1991 年的华为集成电路设计中心，而在 2004 年正式成立的华为芯片研发部，则可以说有着惊人的敏锐，它寄托了一家企业甚至整个中国经济体在大移动时代中，对芯片这条命脉的厚望。

2009 年，华为研发出第一款手机 AP 芯片——Hi3611（K3V1），集成了双核 ARM-11，可用于智能手机和其他智能设备。至此，中国移动产业进入了自主、自研、自升级的全新窗口期，宣告数个时代对国外芯片的依赖逐渐被消弭于市场进程中。与围棋一样，华为一切规模效应的肇始，是对大势的精准预判。可以说，这种预判能力直到今天依旧在发挥效用，例如中国企业可以领先全球发布 AI 移动芯片，背后蕴藏的是华为提前两年对 AI 时代到来与技术完成度的精准预判，在布局上赢了欧美一个先手。不仅 AI 如此，从 GPU 到 4G，甚至 5G 乃至更多，都验证了麒麟的布局能力。

对于芯片来说，技术、工艺以及工程化能力，是谈论所有战略方向的前提。体现在华为麒麟身上最明显的，就是跨入 SoC 时代后，芯片工艺战骤然升级，但麒麟非但没有落伍，反而把握住良机，在工艺极速进化的智能手机时代杀入了世界前列。

2014 年初，华为正式发布首款手机 SoC 芯片——麒麟 910，它用 Mali 450 MP4 替换掉 GC4000 GPU，并使用了当时主流的 28nm 制程工艺。这之后，在 SoC 基础架构、基带、工艺与 IP 选择上，麒麟基本完成了每一代的自我突破，展现出跟进甚至超越全球平均水准的工艺进化。

棋手在战术上要求"守正出奇"。但实战中，守正容易出奇却很难。而在瞬息万变的芯片世界，出奇同样是最高的战术水准。分析麒麟 920 到 970 这数年间的发展，会发现它保持着精准的跳跃，每年都给市场以"出奇"的回馈。2014 年，以中国为代表的全球手机市场从 3G 向 4G 切换，上网速度是主要矛盾，麒麟 920 充分利用华为在通信技术上的积累，成为全球首个集成 Cat6 的 28nm 工艺手机 SoC。再例如 2015 年面临新的 ARM 架构和工艺选择的时候，华为选择了麒麟 930 在 920 基础上继续优化，而在麒麟 950 上大胆选择了 16nm FF 工艺降低功耗，成为全球首个 16nm 的手机 SoC，上市比高通 14nm 的骁龙 820 手机领先一个季度，比 MTK 的 16nm P20 手机领先一年，并避开了功耗高的 ARM A57 架构和 20nm 工艺这两个大坑——而竞品却在此纷纷折戟。麒麟960则在全球率先集成内置安全引擎inSE（integrated Secure Element），是全球首款达到金融级安全的手机SoC芯片。直到麒麟970的到来，它独树一帜搭载NPU，成为跨时代意义的全球首款AI移动芯片。可以说，每一代麒麟都在跳跃升级，在纷杂的芯片世界里寻找准确的落脚点。

如果没有这些精彩的落子，可能我们要再过很久才能见证移动AI时代的开启。

4. 次移动时代：手机如何被 AI 改变？

作为普通消费者能够最直接感受到的人工智能，移动 AI 显然必须完成的任务就是可知、可感，真实提升用户的手机体验。那么，在我们讨论芯片、开发架构以及产业路线时，也必须时时关注最终用户感知到的体验本身。让我们来回忆一下，华为手机中已经可以见到哪些人工智能引发的变化。

1) 人工智能与手机影像

移动 AI 带来的终端算力提升，最直接的应用在于图像与视频的处理能力上。那么首先进入我们视野的，就是摄像头与 AI 融合后带来的化学反应。如何让手机拍照效果更好，是一个被反复琢磨很多年的问题。从拼硬件到拼软件，手机厂商尝试过无数办法。而在移动 AI 到来之后，我们似乎看到了全新的希望：让系统自动识别拍照物体、理解拍照需求，带来更轻松、优质的拍照体验。从 2017 年开始，华为旗舰机开始搭载基于移动 AI 的场景＋识别拍照能力。华为 Mate 10 可以用 AI 能力自主识别食物、动物等 13 种不同场景，从而配合大数据训练，进行针对性优化与调参。2018 年，华为推出了 Master AI 系统。如果说华为 Mate 10 要做的是识别对象并拍照，那么 Master AI 的进化在于理解复杂的拍照意图和拍照需求。例如，用户想要拍夜景，那么就调出手持夜景模式；如果用户拍摄的物体上有文字，就调用 AI 文字识别能力，帮助用户清晰留存和读取文本。事实上，人工智能对于手机摄影的优化不仅是在看得见的 Master AI 系统中，对于 ISP 的处理、光线的解析、空间关系的理解，都需要大量 AI 算法去支撑。

到了 2020 年,华为在 P40 发布时公开了 XD Fusion 超高清融合引擎。这个系统中,会应用人工智能能力与其他计算技术协同,构成复杂、精细的移动影像计算系统,以此来帮助用户在暗光、弱光、逆光,以及长焦场景下获得高质量的影像。同时,这一代华为手机还带来了用 AI 消除路人的"独场照"功能,以及反光消除、完美动作抓拍等能力,填补了特殊场景的摄影需求,让用户在旅行拍摄、博物馆及美术馆拍摄、体育运动拍摄等场景中都能获得良好的体验。

2)场景体验中的人工智能

综合场景下的 AI 体验,往往是消费者开始感知到移动 AI 的起点。例如我们可以看到,用户今天已经越来越习惯于华为手机中的情景智能功能。在用户同意后,情景智能可以读取用户日常安排与需要,做到实时提醒、精准推荐,带给用户贴心的管家服务。例如,在出差频繁的时候,华为手机中的情景智能可以准确提醒我们什么时候要乘火车与飞机,并且会精准提醒我们设置闹钟等。

在人工智能能力加入前,情景智能是用模块触发机制来执行,而在人工智能带来深度学习算法端侧运行的优势之后,华为将手机中的情景智能能力进行精准训练,让系统理解用户需求,进行语义分析与多轮对话,变模块式服务为智能服务、主动服务。

而更加潜移默化影响着用户的,是基于人工智能的系统优化与 AI 节电功能。通过 AI 机器学习技术,华为手机可以学习用户使用习惯,"千人千面"地提供系统优化方案与节电方式,让用户在潜移默化间获得了更快的系统操作、更长的待机时间。类似的软件 AI 体验,在华为手机中还有很多,例如从华为 Mate 20 开始,用户可以利用手机摄像头来识别食物中的卡路里。在 EMUI 9.0 中更新的 HiVision 功能,联接了来自 15 个国家的标志性建筑，以及 1000 万件绘画和艺术品，拿出手机用摄像头对准建筑或画作，就能得到相应的讲解。人工智能的能力在潜移默化中改变了我们与信息的交互效率，而更多的开发者应用则在无数垂直领域加速了这一变化。

3）EMUI 的人工智能化

作为华为的深度定制操作系统，EMUI 也在紧密跟随着华为移动 AI 战略的步伐。例如 EMUI 8.0 中，引入了基于机器学习判断手机触屏接触物的智能识别程序，可以准确识别是什么接触了手机。这有效避免了手机的误触，节约了电量并减少了不必要的麻烦。EMUI 中的语音明显增强了 AI 语音交互体验，通过语义理解能力，语音助手可以更好地理解用户的模糊命令和建议式命令，让交谈轻松自在，而不是生硬地触发关键词。

从 EMUI 8.2 开始，华为手机增加了智慧能力增强选项，让用户可以更准确地调用情景智能与 HiAI 的能力，这一能力保存至今。

4）用 AI 改变视频、增强现实

相比于拍照，在视频中注入 AI 能力所面对的技术挑战更复杂，要求算力更高。从麒麟 980 开始，华为开始将 AI 能力导入视频拍摄中，诞生了 AI 摄像大师功能，支持用户在拍摄视频时进行人像留色，让原本需要复杂后期加工的视频效果可以直接获取。此后，华为还在超慢速拍摄等特殊视频功能中引入了 AI。

与此同时，增强现实则是另一个人工智能可以大显身手的领域。无论是华为发布的增强现实玩法，还是众多开发者完成的增强现实应用开发，都调取了 HiAI 平台的人工智能能力，用来进行更准确的空间

测算、水平面测算、光影合成。这些能力让增强现实的表现更加逼真，让很多交互式的增强现实成为可能。

综合来看，人工智能带给手机的改变已经发展到手机操作的各个领域。无论是拍照、摄像、语音助手这些基础功能，还是围绕华为HiAI架构优化和发展出的各种AI应用，都可以见证我们已经来到了移动终端2.0阶段。人工智能正在这个阶段中扮演着越来越重要的角色。

5. 达芬奇架构的钥匙：麒麟810背后的AI变局

自2017年华为用麒麟970芯片拉开端侧AI的序幕之后，我们见证了AI带给手机的诸多想象力：AI摄影、AI摄像广受好评；语音助手与情景智能被拉升到了全新高度；非常多的基于AI能力的第三方开发应用打开了移动生态新的想象力。

手机中需要人工智能已经毋庸置疑，但是接下来移动AI产业的发展方向在哪，则需要新的探讨。这个问题下，我们需要格外关注2019年华为海思发布的麒麟810芯片。按常理而言，这款芯片属于中端市场芯片，并不常为外界提起。但是这款芯片背后，却隐藏着移动AI如何向下一阶段发展的关键解析。

之所以这样说，是因为麒麟810同样搭载了NPU计算模块，并且将华为的达芬奇架构与移动AI布局正式合流，这意味着华为AI的整体布局开始加速，人工智能能力也不再仅仅是高端机的专属，开始向

更广阔的手机市场推进。

在2018年的华为全联接大会上,华为发布了面向AI时代的最重要基础技术之一,达芬奇架构。这种华为自研AI芯片的底层架构,之所以名为达芬奇,是因为达·芬奇是人类历史上"全才"的代表。"全才",正意味着AI所需的计算特性。AI任务运算的难点在于必须对多种计算技术和AI算法进行统筹把握。不同于经典计算,神经网络任务普遍需要张量计算模型来保证处理效率,而从本质上来说,张量矩阵运算是一种要求大吞吐量、低延迟的计算模式。而这其实契合了很多网络运算的需求。因此在AI到来之际,全面布局多个领域的"全才"华为,恰好具有独特的优势。

以高性能3D Cube计算引擎为基础,达芬奇架构可以针对张量矩阵进行加速。其效果已经在昇腾系列芯片的应用中得到了体现,并布局到了云边端AI加速等计算场景。从达芬奇架构衍生出的AI底层技术体系,可以看作华为在AI领域布局的基础设施。

而另一方面,早于达芬奇架构的提出,华为就已经在麒麟芯片上探索基于端侧硬件进行AI加速的形式。华为基于产业合作的模式,引入第三方IP进行了NPU在麒麟970、980系列芯片的集成。经历了工程化技术的验证、产品形态的发展、软硬件开发生态的建立,移动AI这条路已经被证实了可行性。或许可以这样理解,麒麟芯片、HiAI平台是一只轻骑兵部队,需要去抢占移动AI的先头高地。而达芬奇架构、昇腾芯片等基础能力是华为的AI大本营。在一场行动开展初期,大本营和先锋营必须分头行动,各显所长。而在轻骑突进阶段结束后,两军会师的"军团战"才刚刚开始。

会师之日,就在麒麟810的发布。而下一个问题或许是,面向未来的 AI 产业发展,华为这"两军打通",进行统一架构到底目的何在?总体而言,有三个现象是华为 AI 会师后一定会出现的:

(1)全栈打通,在终端产品上更好地执行深度 AI 开发,让底层 AI 技术具备定制化和深度可控性。使用自研 AI 架构之后,华为手机将探索更多深度的 AI 应用,并且降低开发成本,缩短开发周期。

(2)执行云、端一体化的高效配合,产生更流畅的 AI 产品布局。我们知道,移动 AI 更多时候应该是云、端合作的,云侧处理大型 AI 任务,端侧执行实时化与涉及隐私数据的本地计算。而更好的用户体验,显然是云与端无缝合作的 AI 加速模式。当华为的云侧 AI 与端侧 AI 计算架构打通,可以提高华为手机背后云、端一体化 AI 任务的兼容性,让这类任务更加快速、流畅地落地。

(3)通过 AI,激活华为手机与全场景设备的连通性。需要注意的是,基于达芬奇架构的昇腾系列芯片,还有昇腾 lite、昇腾 nano 等型号,这些芯片的特点是功耗更低,有利于进入 AI+IoT 这个新领域。换句话说,未来 IoT 设备也会纳入达芬奇架构家族。这也是华为终端全场景战略的一部分。

万物互联的开始,离不开手机这个天然枢纽,而统一架构可以更好地处理任务。华为的计算机与手机之间的"一碰传"功能就要基于大量的 AI 算法来实现。当达芬奇架构在各品类华为终端设备,甚至在华为全场景生态设备间打通,那么其中可以迸发的技术想象力是难以预计的。

麒麟芯片与达芬奇架构的融合,展示了华为在两大 AI 方向上都保持着领先性,合流可以形成 1+1 大于 2 的优势。目前能够具备从 AI 底层架构,到云端各领域布局,再到完整 SoC 芯片产业链,全球产业链中也只有华为能够完成。

同时，麒麟810也开始向外界表达，华为的移动AI能力并不仅仅是用于旗舰机的"奢侈品"，而是未来每部手机中的基础能力。当所有机型，甚至整个产业都能应用端侧AI能力，移动AI才有可能引发像智能机革命一样的浪潮，逐步走向真正意义上的普惠化。打通人工智能与华为更多机型的界限，是确定未来AI成为基础能力的产业轨道。

在此基础上，HiAI架构对开发者的吸引力也进一步提升。例如，打通达芬奇架构和新的芯片设计，让麒麟810算子支持数量达到240个以上，让AI加速能力具备更好的通用性，从而帮助AI开发者获得更好的开发兼容性，降低开发门槛。在开发工具层面，打通达芬奇架构后，HiAI移动开放平台将获得华为自身开发工具链的更好支持。同时，中端芯片进入AI序列，意味着移动AI应用的目标用户群扩大，也标志着华为全栈、全场景AI战略正式与手机端接通，华为整体AI体系开始对移动开发者开放。开发者将获得更多AI基础设施支持，同时融入华为AI的整体战略路径中。

在手机芯片中应用自研达芬奇架构，意味着华为可以更好地把控技术成本，通过不断投入的研发降低技术难度，提高技术通用化，从源头确保普惠的能力。华为不断打通业务体系，消弭不同场景间的技术界限，本质上都是为了压缩兼容成本，让开发者和用户最终享受到高效率、低成本的人工智能。只有人工智能唾手可得，我们才能获得千千万万个全能的"达·芬奇"。

6. 5G 到来，麒麟重写所有故事

2019 年，移动互联网和终端产业最关注的话题，毫无疑问是 5G 的商用化启动。十年一度的移动代际网络切换正在到来，5G 时代的产业爆发与行业洗牌如约而至。此时的移动芯片，尤其是具备代表性的旗舰芯片，似乎必然要承载足够多的故事。

麒麟 990，就在这样的背景下，诞生于 5G+AI 时代的序幕中。2019 年 9 月，华为正式发布了华为第一代 5G 旗舰芯片麒麟 990 5G。这款芯片发布时，华为给出的关键词是"重构"。在 5G 迎面而来、AI 高速突进、全球终端出货量不断下滑的今天，麒麟 990 蕴含了基于技术创新，又超然于技术之外的答案。

时间先退回到 2014 年，如果当时有人说，华为将生产出全面领先

世界的移动芯片,不知道会得到什么回应。在麒麟920发布时,当时的贴吧和论坛上,网友对麒麟的评价似乎更多是不信任,例如"GPU不如高通,28nm工艺落后"等。虽然当时麒麟系列芯片已经在CPU规格等领域能够媲美旗舰芯片,但绝没人说麒麟有多么领先。到麒麟970、980时代,人们更多开始谈论麒麟的创新,例如在端侧AI领域的突破,在关键性能上领先。这时关于麒麟、骁龙和苹果A系列芯片的优劣,开始出现争论。至少毫无疑问的是,麒麟已经进入世界移动芯片第一阵营。而当麒麟990 5G发布时,我们会发现它从5G到人工智能的各项关键技术都保持着业界优势。

而麒麟990开启的产业价值在于,它构成了5G与移动AI的会师。麒麟990 5G是首款采用达芬奇架构NPU的旗舰级芯片,并且创新地设计了NPU双大核+NPU微核计算架构。在双大核NPU的加持下,麒麟990 5G与业界其他AI芯片相比,AI性能优势高达6倍,能效优势达到8倍。在多个主流神经网络任务中,麒麟990 5G的FP16和int8性能和能效都达到业界领先水平。而微核NPU则专注提供超低功耗应用。AI作为一种极富延展性的能力,其任务量可大可小,大型AI任务需要大算力NPU的加持;而一些高频次、低功耗的典型AI任务,则更适合微核NPU操作。例如在人脸识别中,NPU微核比大核能效最高可提升24倍,让AI运算更省电。此外,达芬奇架构接通麒麟990 5G,开启了华为旗舰机和华为全栈AI能力的融合。由此带来的云端一体化AI,构成了华为终端下一阶段的智能化发展方向。

同时具有想象力的,是5G网络与人工智能的相遇。在移动芯片领域,自巴龙5000 5G基带发布,华为海思的产业优势逐渐出现。到麒麟990 5G发布,麒麟芯片成为业界首款同步支持SA/NSA双架构和

TDD/FDD 全频段的移动芯片，能够应对不同网络、不同组网方式下 5G 网络对移动芯片的硬件需求，构成了行业内首个全网通 5G SoC。

这个改变的价值在于，以往的 3G 和 4G 时代，更多情况是先有网络基础，再有适配的 SoC 芯片。而 5G 时代终端与网络的适配速度明显加快，对 5G 场景和应用的探索也得到了加速。在 5G 这条技术线索的加持下，移动 AI 的发展获得了新的变量。开发者可以在麒麟 990 5G 带来的 5G 与人工智能融合架构中，更快地思考和探索 5G 时代的智能应用。简单对比一下不难发现，这一点上中国开发者的效率已经明显追平甚至赶超了 4G 时代作为模仿对象的美国开发者。

网上有个段子，说上一次中国在无线通信领域全球领先，是周幽王烽火戏诸侯。比起搞笑，相信诸位更能感觉到其中的可叹与苍凉。通信技术关乎太多领域，是现代社会经济发展的基石，智能技术落地的命脉。更何况如今的中国，在终端数、用户数、基站数上都是当之无愧的全球第一。然而在基础技术领域，尤其是移动芯片领域，中国从来没有领先过。如果说，麒麟 990 重构了一些东西，那么我认为最重要的一点是它重构了 5G+AI 这个移动新时代的故事开局——在新的开篇里，中国移动产业拥有全球最强的移动芯片；中国用户将获得时代领先的网络体验；中国开发者在用最具想象力的方式构建人工智能。在移动 SoC 芯片这个所有故事开始的地方，麒麟 990 系列的到来，让产业格局的改变切实发生。五十年前或许我们不太知道移动通信这个故事；五十年后的此刻，我们已经对这个故事新的起点期待了很久很久。

1G 时代，那是属于"大哥大"的十年，大多数人不知道手机为何物；2G 时代，我们开始使用手机，但基本靠进口，国产手机寥寥无几，国产移动芯片更是遥遥无期；诺基亚和三星引领的 3G 时代，中国终端品牌起跑，中国互联网开始艰难地模仿着国外的服务和应用，国人开始歆羡移动终端的底层技术；2007 年开始，苹果在 4G 时代全面爆发，造就了横亘全球的产品神话，而在 4G 后半程，中国品牌全面加速，在华为等厂商的带动下，中国消费终端跻身全球第一序列；直到 5G 时代的开端，麒麟 990 已经在 5G 和 AI 两大领域领先。

2020 年 8 月 7 日，华为 CBG 总裁余承东在"中国信息化百人会 2020 峰会"上宣布，在 2020 年秋季"华为将发布麒麟 9000 芯片，将会拥有更强大的 5G 能力、AI 处理能力，更强大的 NPU 和 GPU，但是因为（美国）第二轮制裁，麒麟 9000 可能是最后一代华为麒麟高端芯片。"来自美国的极端封锁压力，或许将令作为中国科技产业在移动芯片领域最大成果的"麒麟"暂别舞台，但麒麟芯片在 AI、5G 以及众多领域的领航探索并不会被时代遗忘。每一次披荆斩棘，在科技史上都会有其意义。麒麟与中国 AI、中国芯片一样，都势必归来。

唐代李益的《送柳判官赴振武》有言：关寒塞榆落，月白胡天风。君逐嫖姚将，麒麟有战功。

第 3 章
华为云，千行百业的智能故事

离开与消费者生活紧密联系的手机，我们要将目光投向人工智能更受关注的"战场"——广袤的产业世界。作为一种通用技术，人工智能理论上可以在各行业中发挥价值，达到提高生产效率、降低生产成本的目标。但是对于分布在各个领域的企业来说，如何与人工智能接轨是一个全然陌生的话题。而在诸多可能方式中，利用云计算接入人工智能，是最主流的选择。这一方面是因为人工智能必须要有算力支持，而从机器学习训练到部署的人工智能模式，必须要有弹性、灵活的 AI 算力接入，这就让云计算服务体系成为最优选择；另外一方面，云计算可以有效向产业输送各种人工智能能力、工具和解决方案，被称为"距离 AI 最近的产业"。

在企业上云和各行业应用人工智能两大趋势下，人工智能开始逐渐变成云计算产业中的竞争焦点。自 2017 年华为成立华为云 BU 以来，人工智能技术就成了华为云的战略主轴和品牌支撑。在 2018 年华为发布整体人工智能战略之后，华为云又自然成了华为全栈全场景 AI 解决方案的落地关键。如果人工智能是"华为要做什么"、全栈全场景是"华为有什么",那么华为云关于人工智能的一系列探索,就解答了"华为怎么做"的问题。

2020年4月10日,国家发展改革委、中央网信办印发了《关于推进"上云用数赋智"行动 培育新经济发展实施方案》。该方案指出,加快数字化转型共性技术、关键技术研发应用,支持在具备条件的行业领域和企业范围探索大数据、人工智能、云计算、数字孪生、5G、物联网和区块链等新一代数字技术应用和集成创新。

在这一实施方案中,云计算可以说是基础集成的基座,行业和企业进行技术应用的接口;而人工智能则构成了新一代数字技术的核心价值。云计算、人工智能和千行百业,这三者之间的化学反应在华为云的故事中展现得淋漓尽致。

1. 从智能到致用：产业世界需要怎样的 AI？

"未来将只有两种公司，有人工智能的和不赚钱的。"世界著名咨询公司 TCS 在 2017 年全球趋势年度报告中如此预测。几年来，人工智能可谓热度空前。那么人工智能到底是万能管家，还是神话故事？这个问题的答案，可能必须用人与人工智能的距离来解答。

今天，我们任何人与人工智能的距离都可能随时随地被拉近——老张在昨晚睡觉之前，看了一部叫作《西部世界》的美剧，这时候他只能用对艺术作品的想象力来连接人工智能；到了早上，老张在上班的路上刷新闻，看到了诸如 AlphaGo 战胜围棋国手的消息。这时候人工智能距离他是新闻到生活的距离；来到工作单位，老张是一名物流仓库管理员，今天他发现，整个仓库的摆放位置全部更新了；到晚上，老张发现了怪事：这一天搬送货物无比顺手，工作非常轻松——这时候，人工智能已经进入了老张的工作，成为他看不见、摸不着，却至关重要的同事和伙伴。

这就是今天人工智能带给我们的真实变化。在华为云 EI 企业智能服务企业客户的过程中，已经有通过深度学习计算，帮助物流企业实现仓储系统优化的案例。数据显示，经过优化后，仓库管理员每天的工作量能从行走三万步，下降到行走两万步，效率提升 30%。

从技术到商业落地的逻辑来看，可以将人工智能技术的落地划分为三个阶段：第一阶段，人工智能将完成技术上的成熟，开始在多个领域达成超过人类平均水平的目标；第二阶段，企业将广泛运用人工智能，将智能作为燃油和电力一样的发展必备资源；第三阶段，通用人工智能将来到人们身边，人类在影视作品中想象的与真人类似的智能体将开始出现。那么目前来看，人工智能正处在第一阶段向第二阶段进发的关键时期。在这个阶段，如何让人工智能技术与企业的需求和增长相结合，或许是属于整个时代的任务。世界著名咨询公司 TCS 在此前的全球趋势年度报告中显示，全球范围内有 84% 的受访公司把人工智能视为竞争力的关键要素。从人工智能到企业智能，从对 AI 的惊叹变成对 AI 如臂指使，这是时代将要迎来的变化，也是华为云天生肩负的责任。

从 20 世纪 40 年代图灵提出现代人工智能概念，到 1956 年达特茅斯学院会议上正式诞生了第一个人工智能程序，人工智能至少已经是 60 多岁高龄的"爷爷级"技术。按照英国图灵研究院给出的定义，我们正在经历和应用的人工智能技术，是一系列以人类思考、感知、交流方式为模仿目标的技术统称。简单来说，任何明确模仿人类智慧的计算与统计技术，都可以叫作人工智能。20 世纪 60 年代，人工智能曾经一度引发热议，以逻辑理论为支撑的各种人工智能应用如雨后春笋般生长，但由于技术想象不切实际、工程化太困难，最终在 1974 年迎来了人工智能泡沫破裂，整个产业陷入谷底。

而今天的人工智能复兴，是以机器学习技术为主干，自然语言处理、机器视觉、知识图谱以及深度学习、强化学习等技术实现方式作为体系支撑的多元技术革命。借助了大数据、互联网技术带来的数据红利，以及云计算、芯片工艺带来的算力升级，人工智能得以在近几年出现发展热潮。根据英国政府发布的《2017 年人工智能产业发展报告》预计，到 2030 年，人工智能将为全球经济贡献高达 15.7 万亿美元，这一数字将大于中国和印度目前的经济体量之和。其中，估计约有 6.6 万亿美元得益于生产率的提高，9.1 万亿美元来自消费方面的影响。

人工智能带给企业的核心价值，可以归纳为从三个层面满足企业的增长需求：

1）交互方式迭代

人工智能带来的自然语言处理、语音交互、机器阅读理解、机器视觉、机器传感等技术，正在让人与机器间长久以来通行的"手指命令输入"变得并不绝对。人类开始可以用语音、动作来完成对机器的命令输入，甚至什么也不用做，让机器来主动理解人类。

例如一家线下零售企业，过去需要依赖店员去和顾客交流，很多时候店员的能力和态度直接决定企业收入；而在使用了人脸识别等机器视觉技术之后，企业可以通过摄像头直接了解来店的人流，甚至读取每一位顾客的满意程度。

2）生产效率优化

人工智能进入企业的另一个核心，在于通过让人工智能理解企业数据，优化数据处理结构，并使用算法智能分析出趋于合理的生产模式，从而将过去依靠人工粗略判断的效率提高为智能效率。例如在巡检工作中，过去企业主要依靠人工检查、经验判断的方式，错误率较高的同时效率也较为低下；在企业智能时代，可以采用图像识别来精准判断设备和产品问题，其效率当然也极大提高。举个更简单直接的例子，在养猪场，假如想要清点猪的数量，那么只能让人一头头地查过去。但假如用人工智能模型来完成这项工作，一次拍照后猪的数量就清楚了，可谓达成了效率的质变。

3）多元成本降低

运用人工智能技术，企业不仅可以提高良品率、降低人工成本、提高安全生产系数，还可以通过人工智能外部工具来提高员工工作质量，降低企业多方面的成本压力。

举例来说，发票单填报是每个企业都要面对的工作。但手动填报非常耗费人力，并且错误频发。而华为云 EI 提供的 OCR 识别技术，则可以快速将发票单据内容转化为电子版，这样就为企业节省了大量人力成本，提高了流程效率。

此外，人工智能的应用还能够降低社会成本，为社会效率和生态环保添砖加瓦。例如华为云 EI 企业智能的项目中，有一个案例是通过强化学习技术来为某供暖企业提供精准、优化的"智慧供暖"解决方案。通过人工智能技术，依据室内外温度、供热侧热量等信息对用户供暖量进行精准调节，最终实现了在保证室温 21℃的条件下燃料消耗下降 10%。对于环境问题严峻的今天来说，用智能化技术开启节能环保新思路，可谓功在长远。

人工智能到来之际，很多企业家与企业管理者、技术团队都希望能够运用人工智能来完成企业进化，但在实际操作中却可能面临各种各样的问题。麻省理工发布的《以人工智能重塑商业》产业报告中指出，当前有极高比率的企业希望尝试人工智能变革，但只有约五分之一的企业实际将人工智能纳入了某些产品或流程。其中最主要的问题，在于从认知到解决方案，再到业务落地，企业面临着众多与机遇同时而生的挑战，在中国企业中尤其如此。例如：

1)供需难以匹配

目前国内企业能够接触到的人工智能技术，普遍还是比较初级的机器学习模型。而从一些技术公司那里购买的技术解决方案，则很可能看起来花哨，却与企业实际需求并不匹配。两者强行结合，反而可能浪费企业的传统优势去配合人工智能进场，最终导致得不偿失。

2)人才困境

根据高盛发布的《全球人工智能产业分布》报告统计，2017年全球新兴人工智能项目中，中国占据51%，数量上已经超越美国。但全球人工智能人才储备，中国却只有5%左右。巨大的人才缺口和人才竞争压力，让中国企业难以找到真正理解人工智能、能够完整搭建和执行企业人工智能项目的人才。

3)成本焦虑

在今天，一家企业希望进行人工智能转型，或者尝试部分业务的人工智能化，很可能要负担算法使用、算力使用、数据购买、人才与团队支出、设备支出等多方面的经济成本。在难以明确收益周期的情况下，很多企业在人工智能的大门前望而却步。

来自多方面的压力，以及对未来的不确定，明显减缓了人工智能进入企业的速度。但随着技术升级和平台级企业不断完善服务，越来越多的人工智能利好正在面向中国企业打开。人工智能走入企业应用，不但是市场所需、国家政策导向，同时也是服务体系和技术供应链的全新机遇。人工智能顺利走入企业，今天主要有三项利好可以凭借：

1）企业级服务在不断完善

在英国、以色列等国家,企业级服务的人工智能项目会占据整体人工智能项目的 85% 以上,而在中国,这个比率虽然在快速上升,但还有很大差距。幸运的是,随着国内云计算、互联网以及多种有一定积累的科技企业陆续进场,算法提供商、数据提供商以及企业服务项目跟进,今天中国市场正在经历人工智能企业级服务的高速发展,越来越多的云服务提供商将人工智能作为一项服务开放出来给企业使用。

2）企业智能可以深入到各个产业、行业应用当中

另外一项利好,在于人工智能开始能够处理和解决各种传统产业、小数据产业和特殊产业的问题。

例如我们能看到,智能农业近期成了产业风口,利用人工智能来实现种植业、畜牧业甚至环境治理工程的效率提升,也开始成为可能。在工业、零售、政务、交通乃至多个公共服务场景中,人工智能的渗透能力和渗透方式开始普遍增长。

3）人工智能正在变得"物美价廉"

人工智能服务和产品本身也在快速经历"低价化"的进程。机器学习所必需的数据与算力,也在通过不同途径,进入各领域企业触手可及的范围之内。云计算服务商正在掀起 AI 落地运动。过去企业想要运用人工智能,必须懂得高深技术、拥有大量人工智能人才的困境正在被改变。华为云在整个发展过程里,就可以看作推动人工智能普惠化、走入企业的关键。人工智能正在从神坛中走下,变成水、电、网络一样的企业必需品。

实事求是地说,今天大量中国企业在拥抱人工智能时,面对的是

一曲"冰与火之歌"。在人工智能进入实际应用的这个关口，中国企业面临的是广阔的商业前景、充沛的平台与技术优势，以及良好的国家战略环境。但技术、人才的稀缺，以及企业自身认知，依旧在制约企业智能发展的速度。在很多企业看来，人工智能是风口，是机遇，甚至是万能的"神器"。事实上，人工智能主要是工具，是众多可以推动企业优质发展的技术中的一种。企业必须学会做人工智能的主人，而不是成为其奴隶。推动智能化成为必需，成为企业增长的关键推手，可能不是某一家企业或者某一个平台就可以解决的问题，而是需要平台、企业、学术、资本、研发等多方面力量协同参与，保持高度的产业配合，形成对新趋势、新技术的快速吸纳能力。

只有这样，以智能驱动产业发展，夺取高速、生态、低成本的企业长期增长才能成为可能。

从"智能"到"致用"，从人工智能到"企业智能"，这个转变是接下来很长一段时间中中国智能产业生态的主旋律之一。而华为云从2017年建立，到快速成长为中国发展速度最快的云计算品牌之一，也呼应了企业对人工智能的需求和认可。理解了企业对人工智能的真实需要，是我们理解华为云等一系列人工智能相关动作和发展战略的基础。

2. 变与不变：华为云的生长逻辑

人工智能和云计算产业，就像任何产业链一样，最基本的构成都是企业、团队和人。企业的思考、判断和战略规划，是一家企业向前发展的内因。上文我们回顾了华为云发展人工智能的外部背景，那么接下来我们可以审视一下华为云自我生长的核心逻辑。

在"云计算+AI"产业的上升周期里，华为云成了发展最快的云计算厂商之一。在这背后，我们可以把华为云的发展逻辑总结为"三个变化"和"三个不变"。

在华为云成立之初，外界评价时，总会提到"慢了""炒冷饭"等字眼，因为相比BAT（百度、阿里巴巴、腾讯三家公司的简称）的云计算，华为云确实迟到了几年。然而华为云的发展效率，却可以证明它不是跟风而动的。其中的原因在于，华为云经历着"三个变化"：

1）市场的变化：华为云其实没机会说"me，too"

从2008年左右，国内云计算市场开始发展。十余年之后，这一市场按照逻辑似乎应该进入平静期和饱和期。但事实上，云计算市场正在呈现剧烈的变化，例如用户从互联网与电商企业，开始向集团企业、实体经济、政务系统、公共服务系统演进；使用需求开始由简单的存储和调用，向数据挖掘、数据智能、应用智能前进。无形之手下，公有云市场接受了内部迭代的洗礼。而华为云恰好在此时出现，参与到了Cloud 2.0的游戏规则制定周期当中。华为云总裁郑叶来认为，华为云不做"me，too"，要提供独特的价值。而事实上，市场也没有留给华为云说"me, too"的机会。与几大云服务厂商一样,华为云面对着瞬息变化的市场和多元的市场需求。拥抱市场变化,让华为云从根本上有了不跟随的能动性。而人工智能的到来,加剧了云计算市场的快速迭代。根据分析师机构 Forrester 发布的《产业人工智能发展白皮书》,AI 对中国企业的效率提升值可能平均在 25% 左右。面对磅礴而出的 AI 需求,云计算市场事实上经历了供需关系的内部迭代。

2)客户需求的变化:人工智能发生行业耦合

人工智能之所以在今天被认为难以落地,是因为技术发展速率没有切合企业、行业、经济生态的实际消费需求,这是一个新技术市场在打开时的阵痛。面对人工智能应用,云计算的客户需求呈现出不同于初始阶段的特点。企业的决策成本在加高,对服务成本的担忧在加重,并且需求呈现出小众、定制化、垂直化的特点。面对各行各业的人工智能需要,服务提供者的挑战和机遇并存。华为云有针对性地提出了 EI 体系,进而发布了华为云 EI 智能体,以普惠、实用、关注现实问题和线下解决能力的"形象"进场,构筑了产业格局中的差异化。人工智能正在与行业发生深刻耦合,而这个变局中华为云针对性提出的"用得起,用得好,用得放心"的普惠 AI,以及用 EI 深入行业,聚合产业中的行业智慧伙伴构成平台生态,是华为云抓住的机遇。

3)华为的变化:体系化面向 AI 时,云服务是入口,也是出口

AI 时代,变化的不只有云计算加人工智能的万千行业用户,还有华为本身。而在这个变化当口,华为云由于独特的产业价值,也在华

为体系承担着更加重要的智能化底座的角色,甚至可以说是华为全栈全场景 AI 的入口和出口。所谓入口,是指华为云正在提供华为内部研发、运营、垂直场景使用的人工智能平台能力,构建消费者 BG 等业务的云 AI 应用基础,充当华为体系智能化的发动机角色。而作为华为 AI 的出口,华为云肩负着盘活 ICT 布局的使命,让大量人工智能底层技术可以投放到企业市场。华为自身的技术趋势抉择,让华为云获得了 AI 时代的特殊地位。当人们关注于华为云 BU 成立时间短的时候,厚重的 ICT 技术积累与生态价值已经通过公有云进行了转化,让体系当中的华为云获得了差异化市场定位。

看准和拥抱关键变化,让华为云没有成为某个产业的后来者和依附者,而是可以成为新技术趋势下的竞赛参与者和规则制定者。同时,华为云的内在发展动力,是承接自华为的"三个不变":

1)"以客户为中心"的基因没有变:形成以精准对粗放的产业差异化

基于云计算的人工智能应用,正在悄然改变着企业对云服务的需求与设定。更多复杂的物理世界问题在显现,更加垂直的行业应用场景越来越普遍,而数据安全问题也史无前例地被重视。我们熟悉的云服务厂商,商业模式完全基于线上。那么在细节问题与现实产业问题出现时,客户需求往往无法得到妥善解决。这也是"云计算 +AI"产业始终是单个案例瞩目,整体落地效果却一般的原因。而自带华为客户服务基因的华为云,则给行业造成了某种冲击。因为这在粗放服务为主流、垂直需求却在旺盛增长的云计算市场中,构成了独特的精细化产品价值。客户中心战略,构成了华为云的三个差异化战术:

（1）紧密关注和跟踪客户需求，提供行业稀缺的服务密度。郑叶来面对媒体时，多次提到他最关心的只有客户满意度，并会从各个方向去核实和改进。这样的服务密度在快进快出的公有云市场中非常罕见，这也让华为云快速聚类了一批客户。

（2）注重物理世界的问题解决能力，发力行业合作基础和线下解决能力。华为云 EI 智能体的提出，直接作用于 AI 能力不接地气、落地困难的窘境，以行业智慧、智能边缘、线下服务等多种方式破局物理世界中的 AI 落地难题。这为华为云快速打造案例建立了可能，也为扇形扩大客户基数提供了基础。

（3）秉承"三不"原则，从高度上保证用户数据与产业价值安全。产业 AI 的另一个问题，是数据正在变得越来越重要，客户对数据的依存度不断提升。而秉持华为的客户至上文化，华为云提出了"不做应用、不碰数据、不做股权投资"的"三不"，让客户获得了具备根本保障的安全体验，这在产业 AI 周期中尤为重要。

客户为中心的基因和战略，让华为云快速分到了第一块蛋糕。云计算市场的服务供需差中，这块蛋糕也可能进一步做大。

2）华为的 ICT 生态优势没有变：黑土地的自我给养效应

另一个不变的，是无论做 IT 还是做公有云，华为长期在通信领域布局的 ICT 能力与研发、技术积累没有任何变化。相反，在人工智能时代撬动云计算价值二次增长的间隙里，华为云透过华为技术体系聚集的生态势能，也得到了再次释放。例如，我们见证到华为正在发力全栈 AI 产品、云端一体化 AI 技术，这些技术既是华为的大方向，也是华为云的技术服务与产品能力保障。华为云一直在强调"黑土地"，有意思的是，黑土地的价值之一，就是肥力的自我再生、自我给养。而华为的 ICT 生态优势在华为云的生长周期里，在 AI 时代的大环境下，被进一步盘活和放大，与黑土地的自我给养能力非常相似。笔者相信，下一步与终端产品及底层技术的进一步融合，也不会缺失华为云的身影。

3）技术惯性没有变：人工智能的实用性构成以高打低

AI 时代的另一个焦虑，是训练成本与成果之间的不对等，造成应用场景缺乏可信度。而可信的技术从何而来？人工智能技术的特征之一，在于应用程度越高，实用能力也就越充沛。这就是 AI 的技术应用惯性。作为云计算"新军"的华为云，却是名副其实的 AI "老司机"。先从"自己生产的降落伞要自己先跳"，再到企业级市场发力的华为云，正在通过技术解决能力的惯性，获得云计算与 AI 实用性层面以高打低的差异化。相较于执着数值和测试效果的 AI 技术供应商，华为云的技术服务牌面更偏向这样几个特点：

（1）技术的应用可靠性与场景适配度。企业自用 AI 需求的是低消耗、高价值，这对于企业用户来说也是一样。在智慧园区案例中，华为云 EI 部署 AI 算法的方式，可以使非智能摄像头搭载 AI 识别算法，从而让企业不必负担高昂的摄像头更换成本。类似适配实际需求的案例还有很多，场景适配能力往往是 AI 提供商的死角，却对企业用户来说至关重要。

（2）成本普惠，数据安全。通过底层技术的不断优化，华为云一直在普惠 AI 的道路上发力，并通过系统化的方案保证用户数据，这对于企业来说尤为重要。

（3）云计算服务的删繁就简能力。今天很多 AI 能力提供商，都以技术分类为依据，提供大量 AI 接口，但事实上，其中很多能力是用不上的。在能力输出上保持克制，删繁就简的华为云，在业界比较独特。

"5G+云计算+人工智能"的新一代数字化技术，显然正在逼近某个临界点。各种行业与企业都可能因为这一技术体系，得到新时代的发展能源。但第一步，如何叩响人工智能加速的大门，是这个阶段整个行业苦于思索的问题。华为云与人工智能时代的变和不变，或许可以这样归纳：承认、拥抱，且渴望激烈的变化，同时讲最简单的道理。

3. ModelArts：让 AI 开发者的"吐槽大会"结束

2018 年 10 月的某天，我的朋友圈突然被很多人工智能从业者和开发者的消息刷屏，起因在于华为云发布了一款新的 AI 开发平台：ModelArts。有位开发者感叹说："所有行业都是先有工具，后有整体；可偏偏 AI 行业是 PPT、逻辑图发了不少，用来干活的家伙却屈指可数。"人工智能行业的真实情况可见一斑。

在讨论 ModelArts 的重要性之前，我们需要先了解一下人工智能这个行业，都有哪些广泛存在的"槽点"：

案例 1："亲朋好友一起上"型 AI 开发者。

人工智能行业里，有个词叫作"数据民工"。就是说 AI 训练之前，其实有大量时间没干别的，就是做数据标记。这个工作其实非常简单，但问题是极其枯燥且大量重复，并且一旦某些数据标记错，很可能在开发者后面训练时带来"无限惊喜"。虽然大家都在嘲笑所谓的"数据民工"，但由于这个岗位非常新颖，即使在大公司也是稀缺资源，而对小团队开发者来说更是困难。所以很多人的解决方案，就是在亲戚群里发红包求人帮自己标记数据、对老同学说"帮我弄点数据"，更有甚者在朋友圈众筹标数据。

案例 2："求求你了"型 AI 开发者。

这种开发者一般存在于科研机构和高校中，以在读博士为主。他们写完模型等着变成论文，于是想用学校买的架构验证一下。那么好，先登记排队，轮到号了训练一下。一星期过去了，结果发现不太对，调个参数又一星期,优化一下数据集又一星期。由于师兄师弟不少,还经常轮不上你。模型错误几次,这类开发者和他们的导师都很容易抓狂。于是经常出现这样一幕:某某博士哭诉"求求你了再让我算一次吧"。

案例3:"创业焦虑"型AI开发者。

创业AI开发者,更多注重的是部署和应用,而巧的是"坑"也在这里。我们采访过一个案例,开发者做了一个教育类的深度学习算法,但在部署时却发现,TensorFlow上训练的模型不支持大规模GPU并用,给后续带来了无尽麻烦。部署难,一部署就出错,是很多AI开发者面临的瓶颈。创业团队辛辛苦苦训练了个聪明的模型,一投入应用就变傻。

案例4:"理想丰满"型AI开发者。

人工智能大潮袭来,也催生了很多非科班出身的人士转型做人工智能,尤其是IT工程师。结果一入门发现,各种算法、算力、算子不计其数,调参配比极其复杂。而且深度学习的黑箱性还带来一种"朦胧的快感",有时出错后都难以发现是哪里错了,最终只能是"理想丰满但AI让我暂时撤退"。

案例5:"早知如此"型AI开发者。

AI开发经常要经过数个版本的优化和再训练,当然这就跟设计一样,结果经常是第一版最好。于是会出现老板或者导师沉思了一下,说:"我觉得三版之前那个蛮好的,找出来数据再优化一下吧。"然而三版之前是什么,已经"天知地知我不知了"——遇到这种情况,开发者经常只能捶地大喊:早知如此,何必当初。

AI 开发，是个有多重要就有多少无奈的行当。好在这些密密麻麻的槽点，或多或少都可以被华为云 ModelArts 平台搞定。ModelArts 的特质在于，它把数据标注、数据管理、数据训练的全套流程都整合到统一平台，开发者可以不离开系统，完成从数据标记到数据预准备，再到训练、调试、推理、部署等所有工作。针对最耗时的数据标记环节，ModelArts 内置了 AI 数据框架，以 AI 机制来治理数据，用迭代训练来解决标注的数据量问题。也就是让 AI 来完成数据标注本身，不断优化数据集，从而提升数据标注与准备效率；针对训练效率问题，ModelArts 通过各类优化技术，达成了在同样的模型、数据集和硬件资源情况下，模型训练耗时降低一半；此外，ModelArts 不仅给出了明确的教学演练，还创造性地引入了 AI 自动学习功能，包括模型的自动设计与自动调参等，可以给开发者提供智能化帮助，并且还实现了全流程的可视化管理，帮助开发者找到和管理每一版本的 AI 模型。

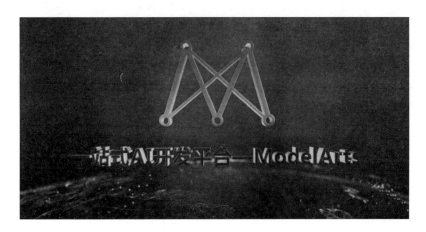

华为云对 AI 开发的核心思考在于，此前业界的 AI 开发平台问题在于相对场景单一，不够全面。而 ModelArts 则率先做到了全生命周期开发，可以支撑和管理 AI 开发当中的每一个环节。上面我们也说过，将割裂场景整合到一起，构成全生命周期 AI 开发，是 ModelArts 倒逼解决慢与贵的核心优势。产业端搭配视觉 AI 应用开发平台 HiLens，通往各个部署场景；开发端则有 ModelArts、芯片、架构、AI 使能平台紧密相连，从而能够以一个场景完成所有数据的训练、推理需求，可以说 ModelArts 是华为全栈全场景 AI 向产业世界探出的第一根触手。对比之下，不难发现很多 AI 开发平台是以自身产业利益为视角构建产品，而不是以开发者视角，或者说不具备以开发者为中心清扫问题的产业条件。当全生命周期的 AI 开发平台开始出现，意味着某些 AI 产业的痛点开始瓦解。当然，无论你经历过怎样的人工智能开发，都会成为智能化浪潮的一员。历史会记住每一位开发者，他们都是伟大的。

4. 用智能称量现实：华为云 EI 的探索

回想 2017 年，我在一篇文章中讨论英国的人工智能产业分布，表达了中国人工智能产业的结构有巨大的可升级空间，"企业+人工智能"很可能变成未来的中坚力量。当时有位朋友跟我争论，认为企业级市场的人工智能根本无法立足，证据是中国互联网发展了十几年，企业级市场从未成为过主流。当然，如今在各行业发展人工智能已经成为国家战略和产业共识，但如果我们回到 2017—2018 年，会发现即使抛出这个概念都会得到众多质疑，更别说真正推动"企业+人工智能"的发展。

而华为云在成立之初，就向外界公布了 EI 体系将发展目标明确定位为企业智能。让 AI 从实验室走到城市、乡村，从虚拟机上的数据集和跑分走到车间里的机器轰鸣中，走到某路口的红绿灯里，走到一家家企业的账面台前，是人工智能时代真正的剧情。

在 2018 年，每天上下班经过上地三街的北京白领们，大概还无法想象自己每天的通勤，会与人工智能发生什么关系。2018 年 4 月，华为云与北京市交管局合作，在海淀区上地三街开展了利用 AI 技术实现信号配时优化试点应用。简单来说，就是给红绿灯安装上会思考的 AI 识别与决策装置。在部署了 EI 交通智能体解决方案之后，据第三方公司（北京世纪高通科技有限公司）评估报告，这条东西方向的京城最堵道路之一，平均延误下降了 15.2%，平均车速提升了 15%。EI 初入江湖，需要做的第一件事，就是快速尝试，打出行之有效的案例，证明 AI 与行业结合确实有其价值，逐渐推动 AI "移风易俗"。通过新技术给企业带来核心价值的增长，让人工智能从过去的纸上谈兵变成实际的案例与价值。在 2018 年，华为云 EI 尝试了在 8 大行业超过 200 个项目中的智能探索，先后发布了交通、工业、城市三大 EI 智能体，并在相应领域进行了案例探索。

例如在工业领域，北京三联虹普公司是一家化工材料企业，通过 EI 工业智能体，进行生产数据的智能分析，成功释放了产线柔性化能力，从而让企业更好应对下游的个性化需求。并且整体数据分析方案实现了云端训练、边缘部署、实时产品分类，经过前期测试，有效提升下游需求匹配率 28.5%。而在民众最关心的医疗领域，华为云 EI 与金域医学合作，在宫颈癌病理检测领域取得阶段性突破，敏感度（真阳性率）超过 99%，特异度（真阴性率）超过 80%。大量案例的探索与实践，直接证明了 AI 进入产业存在市场合理性，并且通过这些探索，为交通、工业、互联网、医疗等几个主要产业赛道确立了入口样本。

EI 智能体的思路是，面向企业和应用场景，提供完整的体系化 AI 解决方案，这可以看作 EI 在产品服务领域的深化和自我补完。面对物理世界复杂的现实问题，企业客户不仅需要简单的技术对接，同时需要集合了行业智慧、智慧大脑、智能边缘、端侧感知体系的一整套灵活解决方案与统一架构，这在商业服务模型上补完了与客户间最后一公里的连通能力。

如果从更大的行业趋势上看，EI 智能体的探索解决了这样一个问题：当 AI 进入产业，进入垂直行业，进入某家具体的公司/机构/工厂，到底会发生什么？在 AI 落地的进程里，最大的问题是懂 AI 的人不懂企业；懂企业服务的人不了解 AI。通过深入行业，经历反复的沟通与探索、成功与失败，华为云 EI 给出了关于产业 AI 的三个答案。

（1）AI 正在让 IT 技术由支撑系统变为生产系统，AI 在很多生产领域可以直接创造价值。

通过与不同类型、不同地域、不同行业的企业与组织机构，包括交通、医疗等公共服务领域深度结合，EI 证实了 AI 技术在真实的产业应用中有前途、有价值。AI 与产业融合之路不仅体现在论文和 PPT 上，还体现在一个个案例汇总出的数据与生产力关系中。

（2）行业智慧和 AI 结合仍是难点，也是 AI 接下来的探索方向。

华为云 EI 团队总结了一个"金句"：一个好的问题胜过十个算法工程师。意思就是在真实的产业中，萦绕着大量在外部无法窥视其真谛的行业问题与行业智慧。AI 不是万能钥匙，而是一种加速器和润滑剂，归根结底要与行业中真实的人、技术、产业关系相互联接。在 AI 跃跃欲试的今天，行业智慧是否准备好了呢？这个问题将是接下来产业 AI 需要解决的关键问题，同时也是众多创业企业可以探索的新赛道。

（3）行业大数据至关重要，但目前首要问题来自算力稀缺。

机器学习的原理，是用智能体学习行业数据，然后给出生产力解决方案。那么这个过程中，智能体学习的行业数据就成为一切的基础。然而在今天，实际情况是各行各业在生产大量数据，但这些数据却面临着收集、存储和学习上的困难——这就是算力饥饿问题。如何将优质、性价比高的算力惠及各行各业，是产业 AI 最先需要解决的问题。这让我们知道了，在错综复杂的产业实践中，人工智能今天需要面对的首要矛盾在何处。

某种程度上来看，华为云 EI 拨开了笼罩在人工智能身旁的层层迷雾，用真枪实弹证明了一个简单的道理：人工智能可以做，而且必须与行业结合做，有些问题必须马上解决。

5. ModelArts Pro：行业 AI 的进一步解题

纵观整个人工智能技术的发展历史，会发现无外乎有三条路：通向算法能力进化、通向开发者、通向行业应用。三者当然缺一不可，但其中通向行业却是重要性最高，同时也是最富挑战性的一条路。因为它是 AI 的最终目的，也是无法回避的终极考卷。很多人都知道，AI 技术在 20 世纪 60 年代和 80 年代分别迎来过一次技术到产业的全面井喷，史称两次 AI 之冬。而这两次技术灾难发生的根源都在于 AI 最终没有达成大众对它的产业化期待，无法真正走到工业世界和社会经济当中。数十年过去，我们今天紧紧抱住的 AI 技术能逃脱历史的"厄运"吗？让我们先进入一段故事。

小白是一名物流行业从业者，他所在的企业，经营着通达全球的物流系统。这意味着公司每天会回收来自世界各地的物流票据、结算单据等。小白的工作就是将它们归档整理，为企业流程运转做好数据准备。但与很多人想象的不同，这份工作并不是无穷无尽地打字录入。在 AI 时代，识别单据信息只要用 OCR 技术扫一扫就能搞定。但对小白这个岗位来说，OCR 识别取代人工却并不那么容易。原因在于，这家企业经营的是国际物流，来自各个国家、各个合作企业的物流单据制式并不统一，语言五花八门，甚至手写还是机打都不一定。一般的通用 OCR API 根本无法识别这些"万国彩旗"。小白在这个听上去极为简单的单据管理岗位，却被硬生生逼地学会了多门外语，能识别各种奇异字体。

然而最近小白却发现了转机，用 AI 能力识别各种国际物流表单，不再只是幻想。公司接入了华为云 ModelArts Pro 开发文字识别套件，在这个套件基础上，一个全新的国际物流单据识别只需要 3 分钟就能完成。这意味着物流单据可以"出现一个消灭一个"，而不是等待技术人员和服务商用一周多的时间才能开发好。而在新 AI 能力的辅助下，小白估算了一下工作效率，发现他完成同等单据录入工作的时间，竟然生生压缩到了原来的五十分之一。不仅小白从自己的工作压力中得到了解放，整个公司的平台效率也显著提高。

这背后的"秘密"在于，过去的 OCR 识别 API 是通用化的，面对特殊单据很难发挥效应，识别正确率无法令人满意。而基于 ModelArts Pro 打造的单据识别 AI 套件，是一个可以实现高效定制的系统。当新单据出现，只需要把几个关键点输入系统，几分钟就可以获得新的识别能力，快速响应不断增加的单据需求。

ModelArts Pro 文字识别套件

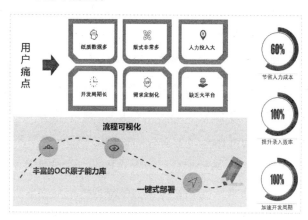

人工智能必须走入行业，满足每家企业的独特需求。这个逻辑几年来被广泛论证，已经成为贯通国家战略与每家企业智能化发展需求

的社会共识。然而在人工智能与行业交汇的过程里，众多问题是站在外界无法察觉的。如果我们不站在小白的视角，可能会认为 OCR 识别早就解决了物流单据识别的问题，甚至物流+AI 已经基本实现了。然而回归到一个真实的岗位，追究每一个细节的企业需求，就会发现每家企业、每个行业的独特性都是无法忽视的。行业与 AI 的真实距离，还隔着从纸面到现实这座大山。

例如，回到现实中，我们会发现大多数实体经济企业都不具备 AI 人才储备。数据标注、模型训练、算法架构、Kubeflow、OpenNLP 这些概念对企业目前的从业梯队来说无异天书。而雇佣 AI 人才成本又太高，有了相关人才之后结果如何还未属未知，这让众多企业只能对 AI 想想之后作罢。而能够直接从服务商体系获得的 AI 能力，又大体处于通用 API 的阶段，就像上文所述的物流单据 OCR 识别一样，通用 API 能力不足以满足企业定制化需求。而向专业公司求助，又会面临很多问题。例如即使需求拥有可执行性，定制周期一般也要数周起步。而如果定制 API 需要发生更新，就像小白需要识别新的单据，那么这个轮回又将重演，企业又可能面临数周的等待期。

另一方面，专业 AI 服务商由于并不懂具体的行业流程和行业需求，因此会要求企业提供大量专业背景和行业数据。这个时候企业又要花费很多时间在整理资料、收集数据上，容易陷入双方你等我、我等你的状态，最终项目的时间、人力、资金成本被反复放大。由此可见，对于现实中具体行业、垂直领域中的无数企业来说，AI 要求人才成本过大、获取时间过长、无法自我迭代等问题都构成了 AI 落地的阻碍。

2020 年 3 月，在华为开发者大会期间，华为云正式发布了 ModelArts

Pro。作为 AI 开发者已经十分熟悉的一站式 AI 开发管理平台，ModelArts 以自动化、智能化的开发方式驰名业界。然而 ModelArts Pro 却并不像手机一样，是版本的垂直上升，而是将一系列全新能力纳入体系内，完成了开发者象限之外的空白领域的填补。ModelArts Pro 的定位，是全球首款企业级 AI 应用开发专业套件。它的独特价值不仅在于技术上的升级和进化，更在于它在使用者视角上尝试了堪称重构的逻辑转换。

一般而言，AI 平台和开发框架预设的使用主体是 AI 开发者；而 ModelArts Pro 瞄准的是行业 AI 应用开发者，以及不太懂 AI 开发但是却需要进行 AI 落地的企业，从而完成了"授人以渔"的工具逻辑转换。从物流行业的案例中，我们能够直观感受到 ModelArts Pro 带来的改变。而如果回到技术线索的话，ModelArts Pro 的改变在于交付方式的创新。一般情况下，AI 平台提供的是技术链和工具集合，但一家不具备专业技术背景的企业，在使用一种全新技术的时候，真实需要的其实是工作流。

所谓工作流，是 20 世纪 80 年代办公自动化崛起时，关于企业流程管理和企业效率提升的一个概念。它把一家特定企业的工作拆解成相互衔接、能够层层推进的任务和目标，新的员工和项目组只需要按照工作流要求融入企业流程，就可以高效率、低学习成本地进入企业。ModelArts Pro 的主要目标，就是帮助行业 AI 应用开发者快速构建相应的工作流。基于华为云在处理相关行业需求时积累的经验，以及合作伙伴对垂直行业的深度理解，搭建出适合具体行业的 AI 套件。当适配 ModelArts Pro 的企业出现 AI 需求时，可以率先查看相关工作流是否与自己需求吻合，如果吻合只需要一步步执行即可。将自身行业数据，例如小白面对的全球单票数据输入相关工作流，就可以在极短时间内满足企业需求。而如果企业还是有一定的定制化需求，那么可以通过原子组件（Atom）灵活编排新的行业工作流，或者由华为云结合具体需求，搭建符合 ModelArts Pro 规则的工作流。这样在满足具体需求的同时，有相关需求和行业特性的后续企业就可以顺延这条工作流，完成低门槛定制开发。并且企业后续的迭代也建立在相关工作流上，可以无缝实现自我演进。而当相关工作流和具体算法愈发丰富，企业经验愈加成熟，还可以通过华为云 AI 市场随时购买更多算法，组成自己的差异化能力，让 AI 开发者生态与行业 AI 生态不断融合。

ModelArts Pro 的产业逻辑之所以有"重构"的特性，是因为它首先承认了各行业、各企业需求的极大不同，而不是希望以技术抹平企业差异化。同时它预设企业没有 AI 人才基础，将所有企业可能无法完成的工作都自己完成。既然 AI 要落地，就要站在"土地"的角度思考，而不能空想"岩石长出翅膀"。

与以往的 AI 开发平台和开发工具相比，基于行业 AI 工作流的 ModelArts Pro 至少在三个方向上重新定义了产业链的行为逻辑：

（1）以行业用户为中心，从头组织 AI 交付方式：以往的 AI 产业中，交付方式是以技术能力为单位的。但 ModelArts Pro 的 AI 工作流模式，则是完全以行业视角为中心，以企业的工作流程模块为单位。也许企业上一步需要某种能力，下一步需要与之完全不同的能力，ModelArts Pro 消弭了技术之间的差异，直接以行业为单位交付。

（2）以工作流为方式，重构 AI 应用场景：传统的 AI+ 行业，只需要关注单一场景的效果，但在企业生产实践中，却可能是从策划、研发到生产销售的全流程、多场景方案。这些场景可能贯穿不同的 AI

技术能力、工具和开发方式,但是 ModelArts Pro 打破了这些界限,为企业提供整套解决方案,以及简单高效的部署体验。

(3)以行业为视角,重新定义 AI 人才边界:ModelArts Pro 的一切思路,都建立在各行业目前阶段必然缺乏相关人才的基础上。于是 ModelArts Pro 基于工作流模式,融合更多智能化开发工具、AI 市场,构建了无技术门槛的 AI 使用方案。

某种意义上来说,ModelArts Pro 就像一个新的通信节点,它把属于 AI 和开发的信号,同时接入了行业的网络中。而这一个节点带来的改变,显然将带来广阔的连锁效应。ModelArts Pro 在纵向的 AI 技术发展历史上,是行业 AI 趋势的必然要求。而华为云能够率先推动完成这一改变,一方面建立在华为的整体 AI 战略布局上,另一方面来自华为云不断与各行业交流、沟通、探索的基础上。ModelArts Pro 的本质,就是华为云从 2019 年开始不断积累的各行业的 AI 经验,目前已经覆盖物流、石油、零售、金融、医疗、交通等行业场景,推出了文字识别、视觉、自然语言处理、知识图谱等开发套件,以及端云协同多模态 AI 应用开发套件 HiLens。在 ModelArts 开发生态、AI 市场,以及华为云合作伙伴的不断加入中,基于行业需求的 AI 交付方式将不断繁荣,以案例驱动产业,以认同差异实现普惠 AI。而这一模式改变更重要的价值,在于 AI 以全新的方式融入行业场景,将驱动 AI 使用和云计算服务的整体市场格局发生板块迁移。目前 AI 已经成为云服务体系中最受关注的输出产品,但真正的大市场、大应用,却被 AI 人才成本、时间成本、产业效率等问题隔绝于"云"外。

ModelArts Pro 让 AI 解决方案直接与行业需求贯通,事实上改变了 AI 接入企业整体进程的效率。AI 不再需要等待企业去逐步认识价值、培养团队、形成战略，而是可以直接尝试通过云服务吸纳无门槛的 AI 技术应用，以尝试带动体系化跟进。而在 ModelArts Pro 背后，还联接着昇腾芯片、MindSpore 开发框架以及华为全栈全场景的 AI 解决方案。

　　智能世界的一切，似乎都在这位小白的故事里，实现着、改变着、探寻着。

6. 从智慧停车，理解 HiLens 的普惠机器视觉

"在城市生活的人们，什么时候最不开心？"如果做一下调查的话，相信得票率最高的答案里，停车一定排在前列。既然今天人工智能这么强大，号称跟各行各业都能结合，难道就不能把停车的事情也解决一下？

在华为云发布的机器视觉平台 HiLens 里，就有一个案例与停车息息相关。从中我们可以追溯人工智能如何改变停车场景里那些让人不开心的痛点，也可以理解作为人工智能体系中最重要的应用分支的机器视觉技术，如何通过云服务厂商的努力进入普惠阶段。

人工智能在停车场景中的应用，最基础的方案就是用机器视觉能力来识别车牌，从而完成无需人员值守的无感停车和无感支付。但 AI 识别车牌这件事在实验室中很看似简单，在现实场景里却并不容易。AI 识别车牌最大难点在于视频设备并非无处不在，对于角度要求比较严格，否则 AI 识别率很难提升到商业水准。而且现实中会出现夜晚、雨雪、雾霾等种种天气，如何做到全天候识别也是个大问题。这个理论到现实间的瓶颈，往往是摄像头端侧的 AI 识别算力不足。

通过与华为云 HiLens 合作，某智慧停车应用将全天候、多角度

的车牌识别率由 50% 提升到 90%，自动入库率达到 70%。在华为云 HiLens 提供的端云协同车牌识别技术基础上，极大降低了人工运营维护成本，人工审核率降低 50%，投诉率降低 30%。

从智慧停车的案例中，我们可以理解承载华为云人工智能落地的 HiLens 平台究竟是什么。作为机器视觉领域的端云协同 AI 应用开发平台，HiLens 在云侧为 AI 开发者提供一站式技能开发、设备部署与管理、数据管理、技能市场等服务，可以帮助开发者快速将算法模型部署到端侧设备。它的核心价值在于集成了华为云对芯片、云技术、联接能力、IoT 设备的大量理解，让开发者不再需要从头了解和学习每一个领域的海量技术；另一方面，它打通了不同平台与工具间的界限，解决了开发者无穷无尽的兼容与迁移难题，可以快速实现机器视觉算法的开发和部署。我们可以把这些价值拆解到具体的案例中进行理解。

1）端云协同的独特性

对于人工智能开发者来说，云侧开发模型与终端侧的芯片系统之间要经历复杂的兼容开发工作。而 HiLens 的价值在于，它不仅实现了端云之间的兼容打通，同时还能够实现端云协同，让算力、算法根据场景来实现适配，达到最好的应用效果。例如，著名安防厂商海雀的 AI 全景摄像头，就是华为云 HiLens 为家庭 AI 产品提供支撑的典型案例。通过打通云端界限，实现算法自适应，海雀 AI 摄像头可以精准地将需要识别的任务放在端、云两侧进行识别。这样既不浪费端侧的算力成本，又不浪费家庭宽带，达到了高精准、实时性的识别能力。通过 HiLens，海雀 AI 摄像头不仅能够准确识别家庭成员，还能够识别婴儿哭闹等重要场景，并且基于云端分工的逻辑，实现了摄像头成本的大幅下降，真正做到了体验上扬、价格降低。端云协同的背后，是华为在 AI 领域构筑的全栈能力。用 HiLens 平台，开发者可以天然实现云端界限的突破，甚至巧妙利用云端共存的价值。

2）开发平台的交汇

HiLens 的另一个特点，是它与华为云提供的一站式 AI 开发平台 ModelArts 相辅相成。这样开发者可以在 ModelArts 上极简地完成数据处理与模型训练，再一键导入 HiLens 进行推理部署。二者之间不仅不浪费任何技术成本，还能够实现超高速同步，达成真正的快速开发。

在 2019 年华为云与上海交通大学携手打造的首届无人车大赛中，选手们就使用了 ModelArts 和 HiLens 进行协同开发。参赛选手甚至可以在上午比赛时，依旧使用 HiLens 进行数据采集并上传至云端，中午用 ModelArts 进行快速训练，再一键式部署到 HiLens 来进行推理。这样的高速运转下，选手们的无人车在下午比赛时往往会比上午更加"聪明"，成了比赛的一大看点。同时，大赛也向产业界展示了开发工具在整个开发过程中的重要地位，ModelArts 与 HiLens 协同可以组成高速的开发场景。

3）华为技术的融合

HiLens 还有一个价值突破点，在于它已经将大量技术的适配与理解工作，封装在了平台本身。这些理解能力，来自华为横亘在通信、芯片、AI 与 IoT 设备多领域的独特技术特征，从而让华为的经验变成开发者可以共享的基石，省去了大量不必要的底层探索工程。

对于 AI 开发者来说，由于开发工具和目标部署的硬件往往来自不同厂家，相互之间不具备适配性，所以需要浪费海量时间和技术能力，来探索软硬件之间的具体性能与兼容可能。而对于创业企业和行业开发者来说，摸透芯片层、IoT 场景和设备工程领域的技术是非常不现实的。而 HiLens 提供了一个贯通桥梁，让开发者们不需要探索底层的复杂工程，从而可以真正聚焦到场景和商业创新。

在这几大特征的加持下，具备一些特性的企业相对来说更适合利用 HiLens 完成人工智能创新和商业落地。首先是深入 IoT 场景、图形图像算法、专注于低功耗市场的企业，它们可以在 HiLens 提供的软硬协同条件下，得到很多支持；其次是具备原始数据，但缺乏数据应用、研发能力，以及 AI 人才储备的企业，它们可以和 HiLens 合作，让数据花费最少代价产生出算法成果；再者倾向于行业、场景化应用的企业，它们可以与 HiLens 合作，从而让自己在行业创新上集中精力，快速实现商业价值。

在发布之后一年，HiLens 来到了商业化阶段，发布了多模态 AI 开发套件 HiLens Kit 和相关的摄像头产品。云计算厂商推出摄像头似乎是一件令人惊讶的事，但现实情况是，云端协同是目前 AI 产业，尤其是机器视觉应用中的主要趋势。开发者往往会面临有云端算力与工具，也有终端摄像头，但二者不相结合的困境。长此以往，高效 AI 开发和 AI 技术快速应用都将成为问题。作为与云端 HiLens 无缝对接的端侧载体，HiLens Kit 拥有充足的 AI 算力，支持工业级、行业级复杂 AI 算法实时推理，并且作为开发平台的延展，预置了完善的 AI 开发环境，例如搭载开发框架、封装多媒体库、算子库、模型管理库、提供音视频管理、外部接口管理、数据自动采集等能力，兼容 TensorFlow、Caffe 等主流深度学习框架。基于 HiLens Kit，应用者和开发者可以实现一次开发和端边云全部署，让上文所述的 HiLens 优势直接、准确地投入端侧场景应用。HiLens Kit 在应用场景中具备几个不同之处，例如其 AI 能力可以实现摄像头的"1 拖 N"，即将自身变为一个摄像头矩阵的边缘计算中枢，实现一个摄像头把全屋、全店改造成智能化场景。另外，HiLens Kit 集成了算法市场能力，用户可以直接在算法市场上选择自己想要的算法，一键部署到 HiLens Kit 上。这种算法重新定义摄像机能力的模式，让用户可以随时更新和切换摄像头能力。

这些特点，让 HiLens Kit 非常适合小型厂商、门店，以及工业质检的快捷智能化改造。例如一台摄像头就可以带动全店的智能化升级，在算法市场上可以随时根据需求来调整识别目标和识别能力，不用换设备就能实现智能化升级等。而对于开发者来说，HiLens Kit 的出现让他们拥有了可以直接测试和部署自己开发算法模型的端侧设备，不用再为去哪找设备而发愁。而算法市场的不断成熟，也成了开发者全新的商业市场，促进 AI 开发最快实现商业变现。

从云端开发平台，到集成了摄像头设备、开发平台、算法市场的整体架构，HiLens 的商用，实质上是打通了机器视觉技术在商业价值、开发价值、技术成长的融合点。无论你是个人开发者、学生、小厂商还是门店主，每个人都有使用 AI 的权利，都获得了基于 HiLens 实现自己智能目标的可能，是谓普惠机器视觉。

7. 普惠 AI：华为云的独特思考方式

每年 5 月，在贵州贵阳会准时上演一场数据产业的盛宴，那就是中国国际大数据产业博览会。对于云计算、数据应用和软件产业来说，数博会可以说是每年的发展趋势风向标和产业灯塔。我们要讨论的并不是数博会本身，而是华为云在数博会上提出的，关于人工智能的独特思考方式。

2018 年的贵阳数博会上，华为云业务总裁郑叶来在业界首次提出了"普惠 AI"概念，让 AI 高而不贵，让各行各业用得起、用得好、用得放心。郑叶来介绍，这个思考来自与众多企业的直接沟通。很多企业提到人工智能都会很感兴趣，但却不敢轻易尝试。原因在于一方面企业面对一种全新技术，会有天然的顾虑，害怕技术不能兼容造成诸多问题。另一方面，人工智能需要昂贵的训练与部署成本，这门新技术是否能够理解自身行业背景和企业流程中的需求和规则，也是企业的顾虑所在。

如果人工智能想要进入千行百业，就必须完成普惠化，以更低的成本，能够证明自身价值的融合方式，以及安全可信的解决方案与企业见面。华为云此后一系列的技术、产品与商业化动作，都是围绕着这个初衷。

例如，我们能看到华为云推出了一系列帮助企业应用人工智能的技术工具与平台。稳定的云计算基础设施、强大的 AI 算力和简单上手的 AI 开发工具，构成了普惠 AI 所需的一整套工具链。算力上，华为推出了昇腾 310 和 910 系列 AI 芯片，构建了全栈全场景 AI 能力的基础，让 AI 的算力瓶颈拥有了具备说服力的解决方案。在此基础上，华为云推出了一站式 AI 开发平台 ModelArts，向行业应用和 AI 开发者提供数据处理、智能标注、开箱即用的开发环境。大规模分布式训练、自动化模型生成、丰富的 AI 市场，以及端 - 边 - 云模型全场景部署的完整 AI 开发能力，帮助用户快速、高效地创建和部署 AI 模型，并管理整个开发生命周期。

而在视觉 AI 应用开发领域，华为云推出了 HiLens 平台，打通了机器视觉端侧设备与云上开发的界限，让机器视觉应用可以快速、有效地开发和落地。

进一步，为了让人工智能真的普惠，需要技术服务商与企业用户真正地理解彼此。为此华为云执行了横纵两方向的行动。纵的方向，是人工智能走入行业和场景应用，在提出普惠 AI 之后的一年里，华为云的 AI 解决方案已在城市、制造、物流、互联网等十大行业的 300 多个项目进行探索和落地。华为云城市智能体入驻天津，显著提升了天津生态城地区的交通效率；与鑫磊合作的工业智能体项目，在煤炭焦化领域证明了智能化的发展动力。横的方向，则是让 AI 技术走进各省市地区，去适应不同区位经济对智能化的探索需求。AI 与中国社会经济的深度结合，让华为云的普惠 AI 拥有了更强劲的产业生命力。在长春，华为云与一汽合作，深化探索老工业基地的 AI 进化；在北京，围绕大型政企的 AI 需求，进行一系列 AI 项目合作与生态赋能；在贵阳，围绕贵州的大数据发展战略与地缘优势，打造了贵安新区华为七星湖数据中心。

而对于普惠 AI 理念的进一步探索，郑叶来认为重点在于数权保护问题。在产业 AI 发展到一定程度之后，企业生产数据与行业内精准数据的价值，客观上得到了史无前例的提升。这个阶段，数据就是生产力，也就是商业利益和企业竞争力本身。那么在执行 AI 与行业融合时，数据的明确与保护，就成了整个数据 +AI 辐射圈必须共同面对的问题。整个问题会引发连锁式的讨论与标准制定，这也会成为接下来 AI 产业发展中的重点问题。

而引申到 AI 产业周期当中，最直接的投射是 AI 的技术提供方必须明确数据主权，规范边界意识，并且通过具备公信力的形式，向用户证明数据权益的保障。郑叶来认为，数权要像物权一样被尊重。作为 AI 基础之一的数据，必须要被合法、合规地尊重，这其中最重要的是，服务方要有明确的边界意识，对用户的数据保持清晰的边界与足够的敬畏。华为云尊重客户数据主权，坚持使用华为云的 AI 能力产生的知识产权归使用者的原则，逐步推进 AI 落地。

从目前华为云 AI 落地十大行业 300 多个项目的实践来看，华为云对数权的尊重，正在成为其在普惠 AI 发展路途中的新动力。

整体来看，华为云提出的普惠 AI 战略，正处在"天时、地利、人和"的关键节点上。所谓"天时"，是产业 AI 的发展符合今天中国社会经济的大形势需求，契合国家政策与国际环境。在计算机时代，中国科技矩阵处于产业下游的整体形势，在 AI 时代得到了难得的换道超车机遇。对于中国 AI 技术体系与产业结构，我们没有绝对短板，这让 AI 产业化进程的战略价值在时代中凸显了出来。"地利"方面，AI 已经通过大量案例证实了其价值与可靠性。各地方、行业都在行动起来，华为、BAT 以及商汤、旷视、讯飞等大量 AI 独角兽，再到大量新锐的 AI 企业，组成了具备旺盛活力的中国 AI 生态。"人和"方面，从 AI 学科建设与人才培养，到华为云等企业致力于开发者的赋能和生态建设，都让 AI 开始成为大批开发者、创业者、青年才俊的心之所向，并愿意将心力投身其间。华为云的普惠 AI 之路，乃至整个社会经济体的普惠 AI 之路，都在酝酿一场新的征程。AI 基础设施的创新突破，产业链的深度构造，行业的持续下沉和开发者生态的觉醒，都将是普惠 AI 接下来的任务。

8. 十万行业质变正当时：华为云解出的产业 AI 公式

中国有多少个行业？根据相关统计，中国行业可以分为 15 大类，921 个主要行业，超过 10 万个细分行业。而这些行业中有多少可以应用到人工智能技术呢？在理论上来说，答案是每一个。

然而事实上，从"理论可以"到"实际可以"还有漫长的路要走，而且这条路究竟怎么走，似乎始终处在模糊不清的状况里。在 2019 年的华为全联接大会中，作为与 AI 行业落地关系最紧密的华为云，完整展现了人工智能如何完成从"理论可能"到"实际可用"的转变。

华为云业务总裁郑叶来用"裂谷"一词来形容 AI 商业落地的现状。他发现，目前中国 TOP 15 的企业客户，使用了超过 70% 的 AI 算力。2019 年，全球仍然只有 14% 的企业部署了 AI 技术。既然 AI 这么有用，为什么企业应用率并不高呢？郑叶来为此提出了 AI 与产业融合，需要解决四大问题：要有明确定义的商业场景、需要触手可及的强劲算力、提供持续进化的 AI 服务、满足相关组织与人才的适配。这四大要素，其实可以基于产业逻辑再拆分成两半。一半处在上游，也就是 AI 开发工作；另一半的下游，是 AI 与行业结合。上游更多是技术与基础设施的提供，而下游是千行万业具体问题的发现和解决。

回到郑叶来所说的四大要素，我们可以将商业场景和组织变革，归类为行业对 AI 的准备。这更多需要不同角色与产业生态的紧密合作，需要与行业智慧和场景的紧密结合、持续进化的 AI 服务等条件来解决差异化需求。当然,对此华为云也已经在行动,EI 体系的建立和发展就是针对这一方向。这次全联接大会中,华为云正式发布了 EI 工业智能体,也是为了解决 AI 技术深入行业场景的问题。回到四大要素中,产业上游需要解决的是触手可及的算力、持续进化的 AI 服务、人才生态培养这三大问题。

这个逻辑很好理解,一家企业想用 AI,那么最基本的三个条件就是有人懂 AI、懂 AI 的人能快速达标完成工作、工作有充足的算力支持。于是我们可以推导出产业 AI 的行业基础,取决于这样的公式:

$$AI 人才储备 \times AI 开发服务 \times AI 算力 > 企业综合成本预期$$

只有如此,AI 才能踏出走入企业的第一步。

如果说,产业 AI 的下游是一万个人来解的一万道题,上游则是一个人来解的一道题——核心就是如何实现全周期的 AI 开发者升级,而这是华为云需要自己解答的问题。推动产业 AI 效率升级,首先要做的是容纳更多 AI 开发者加入这个行业,激活人才储备领域的变革。这件事需要的,并不仅仅是工具,更多是一场行动。为此,华为发布了面向开发者的"沃土计划"2.0,宣布未来 5 年将投入 15 亿美元。而其中很重要的一部分内容,就是希望吸引企业和个人开发者加入 AI 开发生态,成为华为云推动普惠 AI 的生态合作伙伴。应对开发者的真实需求,"沃土计划"2.0 针对开发者与 AI 技术之间的了解、学习、构建、上市等不同阶段,提出相应优化流程,提升社区质量,理顺资源,配置行动,为 AI 开发者针对性地提供昇腾训练卡、云服务代金券、OpenLab、培训与认证服务、开发者大赛等,从技术、生态到商业闭环构建全链赋能。

从"沃土计划"2.0 到华为云赋能 AI 开发者的具体行动，我们可以看到大量产学研一体化、商业闭环构建、开发者赋能的执行方案正在陆续实施。

而在算力方面，华为云承接了华为全栈全场景 AI 解决方案以及 AI 芯片的算力输出任务。华为著名的 Atlas 900，就率先应用于华为云上，形成了 EI 训练集群。这让华为云可以提供最具"暴力美学"的 AI 算力，可以支撑天文探索、地质勘探、基因运算等重要任务。

而在持续进化的 AI 服务方面，平台必须回应 AI 开发者的真实痛点，例如 AI 开发的艰辛、复杂、低效率，很大程度在于深度学习代表的新技术解决方案执行在原有编程语言，缺少工具化的开发土壤，导致了开发难、落地难的"AI 原罪"。大量冗余重复的训练数据标注、漫长且低精度的黑盒训练、混乱茫然的模型版本管理、推理部署之后无法落地的种种兼容问题，这些才是 AI 开发的真实状态，也是 AI 难以走入产业的最复杂的问题。某种程度来说，AI 开发是一个短板工程，任何一个问题都可能拖慢整个开发进程，导致应用难以落地。

想要解决这个问题，需要的就是持续迭代升级的 AI 服务，用基础设施的进化提升开发效率。为此，华为云升级了 ModelArts 2.0 来解决这个问题。如果说，华为云的 AI 行动，是解决 AI 落地的问题；那么 ModelArts 2.0 就是解决 AI 开发技术流程中的问题。我们知道，

AI 开发需要经历数据准备、训练、模型管理、推理部署四个阶段，而 ModelArts 2.0 针对全部四个阶段，发布了 10 余项新特性及服务，包含智能数据筛选、智能数据标注、智能数据分析、多元模型自动搜索、ModelArts SDK、图神经网络、强化学习、模型评估/诊断、模型压缩/转换、自动难例发现、在线学习等，覆盖 AI 模型全生命周期。在 2018 年发布的 ModelArts，初始定位就是用数据自动化和模型管理能力，制定 AI 开发工具盒，从而解决 AI 开发全靠编程能力和野蛮输入的问题。而在 ModelArts 2.0 的升级中，搭载了智能化技术的应用提升，以及更高度的集成化、自动化两条升级曲线，从而智能化处理 AI 开发中浪费人力的工作，将需要较多编程能力、具有高门槛的工作自动化折叠。这样的升级，就兼顾了不同 AI 开发者的具体需求：高手可以把 ModelArts 2.0 当作神兵利器，来分担自己的工作，提升开发专注度；新人也可以用 ModelArts 2.0 直接上手开发。具体而言，它主要为开发者带来了这样几个价值：

1）数据处理时，有智能化加持

数据标注和预处理，是 AI 开发中最烦琐的流程，虽然一些半自动工具可以提高开发者标注效率，但是其中如果混杂了无效数据，则可能降低训练精度，起到负面效果。针对这种情况，ModelArts 2.0 升级了智能数据筛选功能，用 AI 自动过滤和筛选出对训练模型无效的数据，例如失焦、过曝、不符合训练要求等。此外，ModelArts 2.0 还升级了混合智能标注、智能数据分析等能力。

2）智能化、高精度 AI 训练

在 AI 训练过程中，如何提高训练精度一直是考验开发者的核心问题。而通过华为云独创的多元搜索技术，将自动数据增强、超参自动搜索、神经网络架构搜索等技术进行融合，ModelArts 2.0 可以帮助用户快速构建 AI 模型，并且在精度表现上远超业界水平。

3）模型管理，"一揽子"融合方案

AI 走向产业，需要复杂的模型管理工程，以及高精密、高安全标准的版本管理工作，ModelArts 2.0 为此还升级了丰富的评估接口和可视化能力，让 AI 模型一眼可知。

4）推理部署，产业级必备的能力进化

在 AI 部署领域，模型的持续进化、持续学习其实是产业级应用的必备要求。产业 AI 场景中，模型一定要具备持续增长、迭代，并且平滑过渡的能力。为了解决这个问题，ModelArts 2.0 在业界首发难例自动发现功能，结合在线学习方式，打通运行态和开发态，让模型随着数据的增长而变化，这也意味着模型可以在线持续学习和进化。该功能已经率先在华为云自动驾驶云服务 Octopus 上试运行，这也让我们看到了 ModelArts 成为工业级 AI 核心平台的方向和目标。深度的自动化与集成化，让 AI 的技术难点被折叠，让 AI 真正用起来；高级智能化，让 AI 技术减轻了专家的工作负担，让人类的智慧回到创造和创新，让 AI 开发深入。这二者相遇，让 AI 开发走向下一轮质变。

让我们回到最开始的那个公式，可以看到，这次全联接大会上，EI 训练集群、"沃土计划" 2.0 与 ModelArts 2.0，分别指向了 AI 开发者升级所需的三大关键点。基于昇腾 910 芯片的 AI 算力＋云服务，将带来更充沛的 AI 算力，实现更短的机械训练时间。ModelArts 2.0 的工具箱全面升级，让 AI 全流程复杂度降低，达成更短的人工开发时间。

所有时间的缩短，最终意味着产业可行性的增强，AI 开发基础设施将在效率上达成全面革新。AI 走进千行万业，将不再是难以执行的愿景；行业和企业可以聚焦于商业闭环和创新价值，而不是在 AI 开发的时间迷宫中摸不着头脑。

身处这些变革所发生的大时代，我们也不妨思考一下自身行业与人工智能的关系与可能。

第 4 章
企业数字化浪潮里的沃土

2010 年华为成立了企业 BG（Business Group，业务集团），这可以看作华为公司历史上的一次重大变革。它标志着华为从运营商市场进入企业服务市场，由一家通信公司成长为通信技术与信息化技术集成的 ICT 公司。而在人工智能的浪潮到来时，企业服务市场也在经历深刻的变化。这一章我们将从华为企业 BG 在 2019 年年初推出的数字平台为切入点，审视人工智能技术带给政企市场的深刻变局。在政企数字化转型浪潮里，技术领先、平台化和被集成是华为的根本优势。而如何放大这些优势，将人工智能带来的价值持续输入政企市场，是接下来华为企业业务的主要挑战。

1. 华为企业业务 2.0，从数字平台开始

在经历了工业化红利、市场化红利、全球化红利、互联网红利之后，今天世界各地的企业，正在普遍期待被称为"数字化红利"的新产业机遇。5G 打通产业联接效率瓶颈，AI 带来生产力跃升的全新机遇，IoT 矩阵构筑万物协同……如此多的数字化机遇，对于急需寻求突破口的各行各业来说，都是十分诱人。然而对于企业来说，数字化机遇很多时候更像空中的风——大家确实能仰望到风吹幡动，但需要自己亲手去捕捉的时候，又不知道如何下手。

而对于 ICT 领域的企业服务商来说，这样的现状既是时代给予的市场机遇，也是严峻的挑战，必须依靠不断的自我跃升，才能同时应对技术的高速迭代，与企业市场不断走入深水区的数字化转型需求。2019 年 2 月，华为三大 BG 之一的企业业务 BG，在巴塞罗那发布了"数字平台"以及一系列企业业务相关的新技术与新产品。从中我们可以窥见，企业数字化转型浪潮中的整体需求，以及华为对应的解决方案。某种程度上来看，华为企业业务正走入 2.0 时代。在新的发展周期里，华为希望在企业市场打造数字世界的底座，助力客户绘制智能时代的数字化商业蓝图。在产业智能、产业互联网开始成为科技焦点的今天，或许我们有充沛的理由来仔细审视华为在企业业务领域的新发展和新动作。数字平台作为一个全新的产品概念与企业服务逻辑，其内核究竟给产业带来了哪些变化，更值得仔细品味。

理解华为心中的企业业务 2.0 时代，首先要从企业数字化转型中涌现的困难和挑战说起。

由于长期关注智能技术落地行业，我采访过大量实体经济企业，以及医疗、金融、教育、产业园区等机构与产业实体。可以很轻松地发现，无论在中国这种高速变迁的新型市场，还是在欧洲、日本这样ICT基础良好的传统市场，企业今天都普遍面临着非常复杂多元的数字化转型压力，这种压力来自多个方面。例如今天很多传统企业，都已经认识到数字化转型的重要性。尤其在智能技术可能为企业生产力提质增效的前提下，转型压力已经相当迫切。

我采访过一家位于广东的国际化电气制造厂。他们的技术负责人告诉我，企业对于新技术趋势和数字化转型始终高度关注。因为企业虽然已经做到了国际前列，但同时也已经陷入了与国际竞争对手的高度同质化竞争。一个 0.1% 的良品率差异，对于企业来说都是生死攸关的大事。这样的企业在今天非常具有代表性，企业在高强度的竞争压力下，已经普遍认识到了数字化转型与智能应用的必要性。然而问题在于，真正做起来的时候却经常措手不及。尤其对于非数字原生的实体经济企业，以及医疗、教育、社会管理等机构来说，数字化并不是简单一句话就能完成的目标。企业在应对智能化、数字化概念时，往往是知其然，不知其用。

举一些实际例子。在今天，产业 AI 非常火爆，然而在 AI 人才高度匮乏的前提下，实体经济很难与科技企业、互联网企业争夺 AI 人才。而没有懂新技术的人才，企业的大量转型工作也就无从谈起。再例如，企业在选择技术供应商的时候，往往只能买到单一的技术接口与产品。然而如何让这些产品贴合自身的生产特点，组成有效的产业方案，就是很令人头疼的问题了。经常有企业买了一堆技术，效果没见到，反而激发了一堆兼容性问题，导致数字转型只能草草了事。还有一些问题来自企业的 IT 基础。很多企业此前 IT 基础薄弱，不重视数据积累，或者仅仅在管理、财务等系统上引入了数字化，这让企业很难真正做到将技术红利引入生产阶段，导致数字化浮于表面。

再有一种，企业已经有比较好的 IT 基础，但是在 AI 等新技术到来时，企业的 IT 设施已经跟不上时代。这种情况下，不换 IT 设施就无从谈智能深化，IT 设施全换掉又会造成过分的成本浪费，有点得不偿失的味道。

总而言之，我们可以看到今天企业正在面临来自各个方面的数字化转型压力，颇有一团乱麻的味道。在滚滚而来的数字洪流中，企业经常会陷入因信息差异化、人才差异化、业务流程特殊化引发的个体孤岛效应——技术趋势高速发展，但真正落地到一个个企业、一个个行业却非常困难。从本质上来说，企业需要简单易用、符合企业成本预期、作用于企业业务深处，能够快速落地的数字化解决方案。对于企业数字化服务产业来说，今天个体客户与技术趋势间的种种不协调，既是工作复杂性的主要因素，同时也是全新的市场活力增长点。例如，面对智能浪潮与企业需求间的关系重构，在新锐技术研发、ICT 产业服务与解决方案产品化等领域具备核心积累，并长时间活跃于企业级市场的华为企业 BG，就在迎来自己新的机遇与社会责任。

如何才能将复杂的联接与智能技术，融合为企业可用、易用、有用的真实落地方案？华为企业 BG 给出的答案就是"数字平台"这个全新概念。华为对数字平台的阐释是"数字平台可以理解为部署在云上的一组软件平台，加一个数据湖，加一个使能应用开发的开发工具，封装在一个平台上。其中软件平台包括物联网管理平台、智能视频管理平台、大数据平台、集成通信平台等"。

也就是说，数字平台的实际意义，是华为将企业需要应用的各种软件能力进行了整合封装，同时加入数据和开发使能这两个企业应用的必备前提。通过云计算，将这些能力集成给企业，让企业因需而订，灵活敏捷地寻找适合自己的数字转型方案，简单快捷地完成开发工作。

在数字平台的期待视野中，企业开发者将可以通过这一平台，调用各种资源，管理多种数据和能力，实现快捷调用和拖取式开发，并应对生产流程中的复杂数据化问题。

同时，由于数字平台已经完成了封装工作，企业在应用时并不会面临高耸的人才门槛，并且能够让企业将自己行业的积累，利用数字平台完成数据沉淀，进一步通过智能化重新盘活。

数字平台的核心突破点，在于华为企业 BG 承担了大量复杂工作，将多种技术能力与解决方案进行了融合，尤其在三个维度上进行了以往企业智能业务，或者说企业数字化转型业务中未曾出现的融合性突破：

1）不同部类技术的横向融合

华为企业 BG 推出的数字平台，是目前业界唯一能够横向融合云、AI、IoT、大数据等多个技术种类，并融合通信、视频、GIS 等 ICT 技术的完整解决方案。要知道，企业在面临数字化转型时往往不可能只需要单一的技术引进，而是需要多技术协同和差异化定制，实现自己的技术方案构成。而融合了多种技术部类的数字平台，也就在此基础上显得意义深刻。

2）数字世界与企业物理生产空间的融合

数字平台的另一个特点，是它纵向打通端边网云，具备融合、智能、可传承的特点。就总体趋势而言，企业需要的是将数据化、智能化能力不断引向物理世界，引向生产流程的深处。这种情况下，只有云计算服务是不够的，必须在网络联接、边缘计算、端侧智能等多个方面构成完整的数据收集体系和智能应用体系。

3）新锐技术解决方案与企业应用实际需求的融合

在数字平台架构中，华为强调云、IoT 云服务、全闪存等最新数字技术的应用，同时强调行业使能平台的深入发展，为企业打造数据融合、业务协同、敏捷创新的数字环境。能够在统一平台上将新锐技术与企业实际需求进行融合，得益于华为的内部实践，同时也基于华为与生态合作伙伴的联合创新。技术与应用空间的融合，可以说完整地反映出了华为在企业 ICT 服务领域的多年积累。

可以看到，数字平台不是一般意义上我们认为的商业模式上的互联网平台化，而是构建在 ICT 技术进化以及企业业务实践二者的交叉点上，一种基于技术创新所达成的平台概念。而从数字平台的产业趋势意义上看，我们可以发现华为对企业业务 2.0 的预判和解决思路，都已经蕴藏在了数字平台的背后。

在企业服务领域，华为是名副其实的"开拓者"。长时间服务于不同行业的全球企业，从 ICT 基础设施服务与解决方案着手，让华为成了行业中技术沉淀、服务能力积累、服务体系建设都具备明显优势的开拓者、参与者和建设者。截至 2019 年，华为企业服务的市场已经覆盖全球 700 多个城市，世界 500 强中有 211 家、前 100 强中有 48 家企业选择华为作为数字化转型的合作伙伴。而在企业需求快速变化，重点支撑性技术快速迭代的大前提下，华为企业业务也在加快适应变化，开始更加关注企业生产流程与智能化趋势结合的"产业深水区"，以期达成更优质的企业服务可能。透过数字平台，我们可以看到在新的企业数字化升级周期里，华为企业业务 2.0 主要有三大趋势，将作为自身业务升级与探索的核心方向。

1）打通万物互联

通信产业带来的联接升级，正在带给企业和企业服务市场以全新的机会。例如在华为企业 BG 看来，5G 商业模式将很大程度面向各行各业提供联接，而不仅是面向消费者提供云和数据服务。当通信技术升级与企业业务需求开始重合，华为企业业务 2.0 的重要任务之一，将是在 5G、智能网络、IoT 等技术的驱动下，加快万物互联走向企业生产线索的中心，解决物联网生态的端侧需求，建设数据的最后一公里。

在企业需求的万物互联体系里，重点在于要通过数据挖掘，不断将企业冰山下的生产数据反向联接到物理资产管理和生产流程当中，实现物理世界生产数字化的全联接生态。在这个目标下，华为企业业务如何通过通信和 ICT 产业优势，不断完善联接方案，打造万物互联的抓手级产品，将是接下来最大的市场期待与挑战之一。

2）提炼行业 AI 解决能力，使能智能化产业纪元

AI 的到来，为产业升级提供了另一种想象力。对于很多企业来讲，生产数据正在变成全新的无形资产，甚至是生产力重新优化迭代的开始。而其中的秘密就在于 AI。但企业本身投入应用 AI，无论是在人才、算力、云网端的协同性需求上都有着巨大的障碍。通过全栈 AI 能力，构筑包含云、边缘智能、网络联接、终端体系的可复制全场景 AI 解决方案，将是华为企业业务 2.0 的一大重心。目前，在企业业务线索中的 AI 探索已经取得了很多有益的尝试，未来则任重道远。

3）与行业一同攻克企业数字化难题，形成可发展、可复制的产业模式

华为作为企业数字化业务的领军者，责任与目标不仅是帮助到力所能及的客户，同时还需要不断激发产业升级，引领各行各业形成行之有效、可复制、可借鉴的数字化升级模式。目前，这个方向上华为企业 BG 采取了两方面的策略，一是通过与行业领军企业的合作，搭建行业数字平台，形成行业生态，继而完成行业普惠。例如华为与万科携手搭建了物业管理平台，这一平台作为行业智慧共享后，将助力整个行业的升级。

而通过数字平台，将一些有难度、有挑战的技术解决方案进行封装，直接帮助行业应用者即得即用，提供更好的行业解决方案选择，是华为企业 BG 基于数字平台的另一大工作。降低行业门槛，让大量技术可以直接取用，事实上也可能为众多行业带来革命性的影响。

在 2.0 时期，华为企业业务的显著变化与升级，在于做好产品解决方案与联接基础的同时，还需要更加关注行业真实应用需求，为客户打造高性能、有差异化优势的解决方案，以及可复制的场景化解决方案。

在这一周期当中，我们可以很清晰地得出这样一个结论：作为掌握智能时代关键技术的服务提供者，促使新技术快速落地、满足 B 端市场的产业差异化需求，将是华为的主要任务，以及新产业周期的竞争优势。

2. 当深圳变成一座数字花园

19世纪的尾巴,埃比尼泽·霍华德充满理想主义地宣布:未来的城市,将是自然环境、人文情怀、高产能以及高效率的结合。[①] 他的判断写进了《明日的田园城市》里,一百多年来成了城市规划学中的经典教科书。

然而在大部分时间里,人们认为"明日田园城市"的设想是不符合现实的。高产能意味着污染和对自然的倾轧,庞大的社会与生产属性,意味着大城市的执行效率必然低下。然而在人工智能提供的智慧城市解决方案下,一些关于城市发展的判断正在被改写,数字化和智能化,正在悄然抵达城市这个庞大的综合体。如果说二百年前人类用下水网络、燃煤和电力让城市更大更强,那么今天,云计算、大数据和AI代表的智慧技术群落,或许正在让城市回归霍华德理想中高效能与高舒适的境界。假如要在中国找一个城市,来探讨数字智慧能否让城市化身"明日田园",那么最无可争议的候选者就是深圳。从外贸口岸到数字花园,深圳的翩然一跃,既包含着前沿的城市发展智慧,

---

① 埃比尼泽·霍华德在《明日的田园城市》中描述"田园城市"的未来:"世界上现有的最科学的新交通工具正在建设;新的销售手段使生产者和消费者建立起较密切的关系,从而(由于减少铁路税、运费和利润额)立即使价格对生产者来说是上升了,而对消费者来说却下降了;公园和花园、果园和林地设置在生活繁忙的人民之中,从而使他们可以最充分地享用;正在为那些长期住在贫民窟中的人建设住宅;失业者有工可做,无地者有地可种;长期受抑制的精力到处都有施展的机会。当人们的个人才智被唤醒,他们的心中将充满一种新的自由、愉快感,从而可以在一个既能从事最圆满的集体活动、又能享有最充分个人自由的社会生活中,找到长期追求的自由和秩序统一、个人福利和社会福利统一的手段。"(金经元 译,北京:商务印书馆,2010年第1版)

也凝结了华为等科技合作伙伴的技术突破与产业创新。华为数字平台的价值，就淋漓尽致地展现在深圳的无数细节里，组成了一部环环相扣的城市科技史诗。

我的朋友明仔，是一位地地道道的深圳上班族，从事科技外贸行业。工作经常出差，但日常很宅。当我问他，是否能感受到深圳在城市智慧上发生的变化，他拖着长音告诉我，当然有。

从某天开始，明仔突然发现在候机厅等了很久，久到准备的剧都追完了，然而飞机并没有晚点。频繁坐飞机的他开始回忆到底哪出现了变化。苦思无果之后，又一次去深圳宝安机场前他开始注意时间。最后真相大白，首先他发现原本习惯的路程时间变短了，堵车好像不那么严重了。其次是他发现机场安检的排队时间变短了，通过效率肉眼可见地提高。最终结果是，他再也不用提前那么早出发去机场了。路也没变，人也没变，明仔只能承认，是科技变了。

另一个故事，是明仔曾经陪异地恋的女友，到她的老家办理一些手续。结果他竟然发现自己不会办，完全不理解一个窗口到另一个窗口，一个部门到另一个部门之间的逻辑是什么。然后他发现，深圳龙岗区从三年前已经开始实施了一窗式政务服务，街道和社区综合窗口，可以办理所有个人业务。几年下来，这部分记忆都开始退化了。

诸如此等"这里方便一点""那里高效一点"的体验，综合堆叠成了智慧深圳的庞大实体。身处其中往往不会注意，但如果一个深圳人回忆一下往昔，或者去其他地方走走看看，就会惊讶于数字生活的妙处。深圳的数字化、智能化城市建设经验，已经成了值得全球其他城市钻研的新课题。根据德勤发布的数据报告，中国智慧城市建设的第一梯队就包括深圳。而中国社科院的《第八届中国城市发展水平评估报告》则显示，深圳在智慧城市领域的发展水平，在100个中国样板城市中排名第一。深圳在智慧城市上的优异表现，背后是数字化技术与整个城市的融合。

以由华为等企业支持打造的龙岗IOC智慧中心为例，到2019年，这个龙岗区的城市大脑，已经有超过60个部门协同，超过280个政务IT系统打通，汇集了超过400亿条IoT数据，3万个摄像头连在统一的视频池、350亿条数据记录在发挥作用。在IOC的支持下，龙岗的实时全局动向一目了然，可以随时预警和判断城市各方面的情况。而通过打通龙岗区各政府部门的数据和IT系统，也为龙岗的智慧政务系统进行了支撑，最终实现了一个窗口办理所有业务。

而在警务和交通层面，华为与龙岗区自合作了智慧警务以来，龙岗全区的刑事治安总警情下降了29%。而华为为深圳打造的基于AI的交通大脑，让深圳的道路同行率提升了8%，深圳成了最不堵车的一线城市。

除此之外，今天已经可以看到，在与华为等企业进行智慧城市深度合作、积极推动各领域智慧城市建设以来，深圳在智慧交通、智慧安防、智慧医疗、智慧教育、未来机场、城市IOC等领域都取得了长足进展。

诚然，深圳在智慧城市发展的道路上，区位优势是得天独厚的。高科技产业集成、开放包容的文化氛围、粤港澳大湾区的地缘优势以及与华为这样的智慧城市技术引领者的相生相伴，都让深圳步入智慧城市变得格外容易。但不可否认的是，一场面向未来的探索往往伴随着无数不确定性，率先而为并非易事。在深圳与华为等企业携手探索智慧城市的道路上，我们总结出这样几点关键经验：

1）从 ICT 基础设施开始，逐层建设智慧城市

我们都想让城市一步迈入科幻电影中的智能化时代，然而现实中并不可能。人工智能、物联网、自动化城市服务系统等深度智慧城市应用，都是建立在通信网络、数据收集与打通、计算基础设施建设等领域之上的。这就要求一座城市，必须在智慧城市建设中先打好 ICT 设施基础，逐层探索更高级的城市智慧应用。在 2019 深圳国际友城智慧城市论坛中，华为轮值董事长郭平提出建设智慧城市需要遵守心理学上著名的"马斯洛模型"，一步步打造分层级的智慧城市，这正契合了深圳重视 ICT 基础、长期发展、不断进化的智慧城市足迹。

2）关键位置的深耕细作与前沿探索

基础设施建牢就意味着智慧城市的完成吗？当然不是，再向上的智慧城市建设会更加复杂和精细。如何选择探索步骤呢？深圳的经验是，先从数字化基础好、民众需要强烈的地方开始探索智能升级，并且要精耕细作，统筹各领域细节，务求效果最大化。这个思路具有代表性的体现，就在与华为合作的宝安机场"未来机场"项目中。据华为企业 BG 副总裁喻东的介绍，深圳宝安机场每天的廊桥周转率是 10.24，而通过华为的技术创新，廊桥周转率达到了 11。这意味着每天停靠廊桥航班增加了 90 次，每年将有 500 万名旅客不用乘坐摆渡车。而这个目标的达成，需要打通背后遍布在机场、飞机中的传感器，进行智能监控和分析机场视频，把归属不同部门的数据进行整合融通，再用 IoT 技术、AI 分析技术、大数据技术整体运算和规划来提高廊桥周转率。在民生重点领域，率先通过最大技术可能性去探索城市效率优化，继而进行复制推广，可以看作深圳智慧城市建设的一个特色，也是一种行之有效的城市发展逻辑。

3）积极探索整区域智能

深圳智慧城市建设的另一个特点，是敢于走整区域智能的发展路线。智慧城市发展的一个核心价值，就是在海量数据面前，智慧系统可以发挥人力无法企及的作用。而如果只是在一些端口上建设智慧系统，不进行全局数据和智能化的打通，往往将收获片面的智慧城市效果。在整域数字化的探索上，深圳龙岗始终是全国的表率。其率先在政务、警务、交通、城市 IOC 等领域发展起了全域覆盖、全数据打通的智慧城市综合体，取得了可喜的成果。而龙岗是深圳人口最多的一个区，这背后的任务复杂度可想而知。与龙岗一道推动多领域城市数字化建设的华为，也堪称经历了一个大考。而今天，深圳正在多个领域推动全市的整体智能化项目，整区域智能的发展正在成为深圳的一大特色。

4）长期规划数字平台底座，避免片面重复发展

深圳在智慧城市这件事上带来的另一个经验，是政府必须具备长期发展和叠加式发展的意识。很多智慧城市项目，只是解决了眼前的问题，一段时间过后马上被淘汰，或者缺乏与其他系统打通的能力，这都会让智慧城市建设走进发展死胡同。政府与产业界、学术界高效沟通，具有整体发展、长期发展意识，都是深圳能够避免这些情况发展的主要原因。而华为、平安、腾讯等企业组成的智慧城市企业合作生态，也让深圳始终处在信息公开、能够长远思考的有利地位。

不难看出，在深圳的智慧城市建设中，有大量工作不是政府部门与社会服务机构能够独自完成的。而开放、互信和善于沟通，这些深圳基因则为科技力量融入城市建造了桥梁。能够与产业界高效配合，积极吸收前沿科技，让深圳始终能够找到合适的企业合作者与产业生

态去完成智慧城市升级。毫无疑问,深圳这座城市与华为这家公司,在气质、形象,甚至发展历程中逐渐形成的文化基因都如此相似。深圳的高速发展孕育了 ICT 产业的领军者华为,而华为在多种技术上的积累,以及在智慧城市建设上的实力,今天也在反哺深圳的未来。在与深圳进行的城市数字化合作中,华为扮演了许多关键角色。

华为首先是 ICT 技术的耕种者:深圳之所以能够"智慧过人",是因为城市在 ICT 领域的底座良好,能够快速逐层建设智慧城市项目。而华为作为 ICT 领域的最优选择,则可以说是为这座城市播下了"智慧种子"。华为副董事长郭平认为,城市的数字化转型纷繁复杂,没有任何一种技术可以独立支撑城市数字化,一定是多种技术的组合,华为称之为"数字底座"。这个数字底座,是网络、计算、数据、智能等多种底层技术的综合。华为的 ICT 基础能力,最终转化成了深圳的数字底座。

华为也是智慧城市的营养师:今天的智慧城市建设,不能仅仅停留在网络和数据的层面,必须面向未来纳入新的技术元素。这就像一座花园想要保持生命力,必须不断纳入新的营养,如 AI、物联网、视频云技术等。而营养从何而来?作为世界上科技研发投入最大、全球科技产业布局最广的公司之一,华为恰好能够为深圳担负这个营养师的任务。

华为也可以成为打破数据孤岛的仓库管理员:一座特大城市发展数字技术,其实是成千上万个工程的集合。这些工程可能互不理解,最终变成了千万个烟筒一样的城市孤岛。这时候,最好的解决方案是这座城市花园,能够有一个仓库管理员。他知道这座城市各个位置需要什么技术、什么能力,然后把这些技术能力与解决方案进行统一归放和统一标准，存储进一个房子里。这样未来其他项目开动，只需要去仓库里寻找工具，就能永远保证花园建设的有序和稳定。这个仓库，就是华为的数字平台。在智慧城市建设上，华为正在引领合作伙伴进行平台打通，将技术集成化、开放化和平台化。就像把一座城市各领域使用的技术进行打包、归类、统一管理，这样一方面避免了未来升级建设无据可循，另一方面也避免了未来城市部门的数字系统无法打通。

于是我们看到，在华为数字平台理念的帮助下，深圳很少出现数字化项目的重复建设和浪费建设。同时，新项目往往可以有条件快速进行数字化升级，让城市协作系统摆脱孤岛难题。可以说，基于数字平台概念，华为构造了一个硕大的智慧城市仓库，让智慧城市这个困难的命题化繁为简。

对于贪心的我们来说，当然希望城市的智慧越多越好。深圳的智慧城市发展史也才仅仅拉开了帷幕一角。但不可否认的是，深圳这座数字花园，在今天已经有模有样，真实可感。这背后展露着城市发展与产业融合智慧，也是华为技术实力与技术生态的最好展现。深圳未停下，华为也已经出发，越来越多的全球智慧城市项目中出现了华为的身影。从一座城、一家企业，到每一个人，只要不停奔跑，或许《明日的田园城市》里的乌托邦，最终会从梦境中醒来。

3. 转型不畏：华为向企业客户提供什么？

在今天，可以肯定的是，没有一个国家、一个地区、一个行业，甚至一家企业，可以无视数字化转型的必要性与必然性。麻省理工数字商务中心主任埃里克·布莱恩约弗森在《第二次机器革命》中提出，数字化是今天的一切，是未来的唯一开端。他提出人类其实只经历过两次技术革命，即机器革命与数字革命，也只有这两次转变，是任何人与组织无法逃避的共同趋势。[①] 关于数字化转型，很多人都觉得"道理都懂，但做起来很难"。2019 年，华为企业 BG 相继采访了众多基于华为数字平台完成的企业数字化转型案例。这里无法将案例一一详述，却可以从中抽取数字化转型在今天的共性与技术需求，以及华为作为 ICT 技术底座的角色，如何与时代需求深刻相融。

在进入数字化转型的深层行动前，我们或许有必要重新理解数字

[①] 埃里克·布莱恩约弗森在与安德鲁·麦卡合著的《第二次机器革命》的第一章"最伟大的故事·时代的大画面"中描述："工业革命不仅仅只有蒸汽机，但是蒸汽机开启了工业革命的所有进程。它超越了所有的技术进步，克服了人类和动物肌肉力量的限制，让人类可以随心所欲地使用能源产生的动能。这一进程催生了工厂和大规模生产，铁路和大规模运输时代到来了。或者可以说，它开启了人类现代意义上的生产与生活。工业革命引领了人类第一次机器革命——我们的社会发展进程第一次主要由技术创新驱动，这一次机器革命堪称是我们整个世界最深刻的社会大转折。源源不断产生的机械动力如此重要，借用莫里斯的话说，它'使得整个世界早期发展历史的所有剧本都显得拙劣无比'。现在，第二次机器革命时代到来了。就像蒸汽机以及其他后来的技术发展克服并延展了肌肉力量一样，计算机和其他数字技术——那种用我们的人脑理解和塑造环境的能力，正在对金属力量做着同样的事情。这些新技术正在帮助我们突破以前的种种能力限制，并引领我们进入新的领域。这种变革的力量究竟是如何发挥出来的还是个未知数，但这场新的机器革命能否大大改变人类历史发展进程的曲线——就像瓦特发明的蒸汽机所做的那样，则是一件极其重要的大事情。"（蒋永军 译，北京：中信出版社，2016 年第 2 版）

化转型在今天全球社会经济体中的意义。数字化转型必须推进，其原因在于今天的社会经济体与生产力发展周期，从市场、地缘和技术构成了数字化转型的基本需求。社会经济体今天普遍存在三大数字化转型动机：

（1）应对技术基座的时效性。当通信与信息技术成为全球经济基座后，相关底层技术并没有停止发展。从网络、计算到智能的发展路径，决定了数字化技术是一个具有时效标签的东西——转型不可避免。

（2）企业对生产效率和竞争力的升级期望。MIT 斯隆数字经济项目首席研究科学家乔治·维斯特曼在《引领数字化：让技术驱动商业转型》中判断，熟练应用新数字化技术的企业，利润比行业竞争对手要高出 26%。因此，对数字化技术的更新与深度把控，在今天直接决定企业的直接竞争力。

（3）全球产业链的复杂情况，导致企业必须以数字化转型追求商业效率。今天世界各地的行业与企业，在全球经济链中面对着复杂的情况，必须适时更新自己的 ICT 基础设施，才能在产业位置中确立生存空间。这些因素，构成了数字化转型的基本土壤，让转型需求发生在各个国家、各个行业。

乔治·维斯特曼认为，从高层次来看，数字化转型代表了企业对如何利用技术从根本上改变绩效的彻底反思。显然，对于普遍处在多重压力下的企业来说，这是一件并不容易的工作。客观来看，数字化转型中的挑战十分严峻。在服务全球企业客户的进程中，华为总结出企业数字化转型中的主要问题如下：

（1）业务转折点倒逼 ICT 产业承受巨大的发展压力。很多数字化转型成功的企业，都坦言自己的转型之路是充满艰辛的。主要原因在于，ICT产业正在经历高速变化，转型与否不再是优与良的问题，而是订单有与无的问题。背水一战、失败再多次也必须成功，成了ICT产业走向转型的基本情况。

（2）转型往往牵扯复杂的系统化工程。数字化转型，不仅是一个技术问题，组织架构、人事调整、企业内部沟通，包括对成本的顾虑，都会让企业的转型之路如入泥沼。例如，土耳其航空在升级数字化设施时，就表示每一个抉择都必须十分谨慎，控制新旧技术交替带来的资金、人力与试错成本是企业必须考虑的。类似的情况，都将给企业和供应商带来一系列挑战。

（3）智能化突变来临，放眼望去尽是技术盲区。数字化转型的另一个难点是技术日新月异，但企业的理解能力、应用能力、控制能力不一定能及时跟进。对于新技术、新解决方案的顾虑，存在于各个行业之中。这种情况下，企业在数字化转型中需要高效率获取前沿技术，在高集成度的技术与解决方案平台上再创新。这一趋势也造就了平台生态的必要性。

在如此复杂的课题面前，踟蹰甚至畏惧都是正常的。而企业必须与压力共舞，用判断力和创新精神，去正面迎接转型挑战。无论如何，数字化转型的挑战性并不会击倒真正强大的企业，反而会给优质企业和健康的产业生态以机会，以技术之手配发新的市场竞争力。纵览这些转型故事，一家企业在转型之路上取得成功，往往源于四个方面。这四个方面的基石牢固程度，可以说是转型之路能走多远的判断标准：

（1）对技术的饥渴感，结合业务拥抱新技术的能力。在华为的数字化转型案例中，深晶科技是一家很有代表性的前沿技术企业。他们不是先锁定人工智能技术,再寻找应用场景,而是先关注到应用场景中用户的需求,在寻求解决方案的过程中自然而然选择了人工智能技术。通过真正投入精力于底层技术沉淀,他们从传统模式识别技术走到了机器学习技术。改变技术轨道后的深晶,将模型准确率从40%提升至99%以上。对新技术与新需求的敏感和饥渴,构成了转型大道上的第一牵引力。

(2)从需求重新思考行动。转型之路,往往面临着复杂的市场、技术与产业形式。这种情况下必须有清晰的判断标准,来衡量自己的每一个动作,知道什么是值得投入的,什么是浪费精力。而判断的核心,就是需求。鑫利俊在投入智慧城市市场时,思维方式就是"急用先行"。一方面拥抱顶层设计,同时也积极投入从快速应用角度切入市场的方法。而在选择了华为带来的可靠解决方案与数字平台之后,看似困难的上下合围变成了可能,企业也就走入了最适合市场需求的快车道。

(3)拥抱平台化,避免重新发明轮子。在今天,缺乏平台和生态去做ICT产业,就意味着自己要重新发明一个世界。北明软件有限公司CEO荆永生认为:过去的ICT技术相对简单,帮助客户建立一个系统、实现某个业务功能即可,但是现在系统环境越来越复杂,应用智能化对技术提出了更高的要求,例如系统的计算力、存储、网络、安全等等都要与智能化应用相匹配。这种情况下,必须依靠华为等综合厂商,在多元技术积累之上将自己的应用进行满足市场需求的合理创新,真正走入市场。在数字化转型之路中,融入生态,基于产业现状建立合作,达成互信,在产业链中找寻位置已经成为不二法门。

(4)从顶层设计开始,搭建适合转型的文化和组织氛围。转型不仅关乎技术本身,也关乎企业组织的方方面面,所以普遍认为转型必须是"一把手工程"。顶层设计到组织架构、文化氛围,都必须全力配合转型工作。

这四方面能力,最终可以归结为绝大部分企业走通转型之路的核心密码。而他们纷纷选择华为作为合作伙伴,恰好是因为华为能够提供的东西与企业数字化转型需求,能够像两个齿轮一样紧密咬合在一起。在数字化转型之路上,华为将自己看作一位朋友,一个生态,一个平台。总体而言,我们可以看到华为在数字化转型大局中,提供了四个方面的保障:

(1)产业可信。千行万业走向数字化转型,面临的困难一个是自身ICT条件千差万别,再一个是对新技术的成本、能力与综合特性具有复杂的要求。一家企业必须拥有足够强的解决方案落地能力,以及技术优势、产品全面性,才能以具有包容度的姿态进入这一市场。

创建于1892年的上奥地利能源股份公司,需要一个能源行业外新的稳定的收入来源。在电力宽带运营业务中,他们需要FTTH解决方案来吸引大量新客户。由于在电力行业的基础体系上进行ICT解决方案架构是一件严苛且不容有失误的事情,在架设FTTH过程中,客户对CPU和存储部件进行了拆分、对代码进行了检视和运行、对硬件进行了再次组装,还检测了系统如何运行以及排查了潜在的安全漏洞。而华为设备通过了所有的测试,全面满足了客户要求。

在埃及加拿大大学,新建校区对ICT基础设施的需求非常广,而华为提供了全产品线的优势,从网络、无线、安全到存储和服务器,为客户提供 站式ICT解决方案。在此项目中,华为提出POL+Wi-Fi+下一代防火墙+SDN控制器+小型数据中心存储和服务器,以及FusionModule500微型智能模块化数据中心的组合方案。多技术领先和产品全面,帮助客户减少了极大成本,并且消除了大量兼容与运维负担。过硬的技术与工程能力,是数字化转型的行业基石。

(2)平台能力。在技术爆炸、需求多元化的数字化转型之路上,企业不能重新发明轮子。而华为的优势在于其在 ICT 领域广泛的技术部署与产业链深度,在网络、计算、存储、智能四大领域源源不断取得技术突破。尤其在 5G、AI、Wi-Fi 6、物联网等方面,企业数字化智能化转型中所涉及的关键技术,华为都达成了业界领先的技术布局。而这些技术的集成化与平台化,就成了企业用户在数字化转型之路上的 ICT 技术底座。在帮助企业数字化转型过程中,华为实现了业界唯一横向融合云、AI、IoT、大数据、融合通信、视频、GIS 等新 ICT 技术,纵向打通端边网云的平台,具备融合、智能、可传承的特点。在华为提供的 ICT 技术底座上,企业可以灵活调用封装好的大量技术与解决方案,在平台基础上完成再创新,极大提升了产业升级效率。

(3)生态使能。转型中,企业面临着复杂的竞争形势与创新难题,既担心来自行业的竞争倾轧,又需要集成大家的产业链,寻求联合创新机遇。这些工作非常繁重。而华为在转型之路上为大量合作伙伴、供应链厂商以及合作伙伴提供了生态,提供了可以各展所长、共同成长的机会。同时,生态伙伴的创新也会不断反哺平台,激发黑土地完成自身的更新换代,众多创新主体的动态迭代形成了一个庞大又充满生命力的创新环境,构成了华为生态中广泛的生态协同效应。良性生态的基础是明确产业界限、建立合作伙伴信任。神州数码集团副总裁、华为 SBU 总经理韩智敏认为,华为在产业生态中会明确边界,恪守界限,告知合作伙伴自己的底线,为合作者分利,甚至众多项目上拉着合作伙伴一起创新,高效沟通。

（4）精神力量的导体。在数字化转型中，企业面临多种多样的压力，前进下去不只需要技术与产业力量的支撑，同时需要强大的精神力量作为后盾。这时，华为的精神力量往往带给合作伙伴和客户以共鸣。中建材信息常务副总裁李大庆认为，中建材信息的成绩中，很大一部分来自认准一个方向、认准华为，就心无旁骛、百折不挠地坚持下去，最终得到了收获。在数字化转型之路中，往往是具有这种精神特质的企业，能够最终成就自己的一方天地。而在共同探索未知的转型之路上，华为与伙伴都有一种坚韧不拔的精神，并且这种精神会相互影响，相互传递，最终成为一个无形的转型引擎。从技术到生态，从业务到文化，华为已经将自己和整个产业生态，联合打造成了一条转型之路上的航线。

我们似乎从来没有听哪家企业决策者表示，数字化转型是能够轻松完成的。这条路上更多的是无穷无尽的新技术、新方案，不计其数的会议、进度、数据，随时见底的咖啡杯，以及不经意间发现又工作到了天明。但是得到的，是冉冉升起的企业业绩，是与时代接轨的产业机会，是攀上高峰之后看到的漫天彩虹。相比于躺在功劳簿上纸醉金迷，很多企业决策者和领导者都表示，向前走，去更远的地方看看，是大时代赐予的机遇，是工作中能享受到的最大浪漫。让大众感觉陌生和遥远的华为企业业务，在某个层面上正是这些浪漫的创造者。

4. 沃土数字平台：产业数字化中的太极之道

让我们重新回到华为数字平台，在华为企业 BG 发布数字平台的 7 个月后，这一平台迎来了全新升级和品牌名"沃土"的确定。与此同时，华为还通过产业成果与商业思考两个方面，展示了对沃土数字平台的战略考量。从中，我们可以用另一种视角来看到企业的数字化与智能化进程。

2019 年 9 月，华为面向企业市场正式发布数字平台参考架构和全新品牌名"沃土"，也为中国数字经济发展与政企数字化转型奉上了全新的解决方案与思考。这个名字当然可以有品牌层面的寓意，例如对数字平台孕育勃勃生机的寄托、对数字平台生态繁荣的期望，以及沃土之上，能够成长出数字经济新纪元的产业愿景，同时也表达了华为对数字化、智能化大趋势的战略判断。

让我们先回到时代本身，去回应这样一个问题：产业数字化进程的必要性已经无可辩驳，但在数字经济时代推进到深水区时，一些变化和矛盾正蔓延到今天的数字经济进程中。最显著的变化是，随着数字经济体不断扩大，数字化转型命题不断深化，这一经济空间的内在主体正在快速迁移：

（1）数字化转型主体发生变化，大型政企与传统经济成为关键领域。这意味着技术与解决方案供给的复杂化、精细化、安全化，对供应商的技术与生态能力都提出了考验。

（2）数字技术的定位发生变化，智能化带来了 ICT 技术作为通用生产力的新需求。过去 ICT 市场的需求，主要是以计算和联接为主的网络支撑性要求。而在 AI 到来之后，智能技术需要深入工厂的生产设备、工地的自动驾驶汽车，以及大量肉眼不可见的 AI 系统。这一系列智能化需求，意味着一系列产业震荡。这是机会，也是挑战。

（3）需要变革的产业部类发生变化，技术融合需要向生产核心区域发展。过去企业 IT 只需要建立在网络端，但今天，智能化正在将智能技术引入企业的生产核心部门，引入工业、物流、财务等方方面面。这时，供应商需要提供复杂而贴近行业需求的解决方案，并且需要与企业用户共同承担探索的风险。

（4）不同行业、不同 ICT 应用基础、不同技术融合程度的应用企业，需要定制化与低门槛并存的数字化解决方案。千变万化的企业环境和企业需求，将集成在同一个企业服务平台或者生态里，这对服务和解决方案质量提出了巨大考验。

这些变化看似迎合了新技术的接入，但同时提高了企业级数字服务的产业难度。从人工智能、5G 到 IoT、视频云，新技术汹涌而来。但技术创新横亘在高处，政企用户的深层需求却在向下沉积。这二者之间存在广泛、复杂且充满行业特殊性的矛盾。而这个矛盾的解决，也就是数字经济持续向前发展的根本动力。

那么解决这个矛盾的所需之物是什么？答案或许在于，从技术到产业之间，需要柔性的、温暖而充满包容感的力量，从而在产业现实和技术进化之间，建立富有弹性的联接，最终在差异化需求与技术通用性之间达成平衡。这是一个需要平衡与调和的趋势——数字经济的奔腾需要技术的长风，同时也需要温暖而包容的商业沃土。

在数字平台面世之后的第一个产业周期，华为依托沃土数字平台打造了智慧园区解决方案，以及联合深圳地铁集团完成了沃土数字平台在轨道交通行业的全球首个应用。这些解决方案恰好展示了数字化进程中的复杂性。

让我们把视线放到深圳的地铁中。我们知道地铁需要巡检，也就是工人师傅在隧道里用手电筒和榔头检查铁路，但这个场景效率其实很低。基于沃土数字平台，华为帮助深圳地铁搭建了全天候智慧巡检系统。这个系统基于 5G 把隧道情况的视频回传，用人工智能分析，从而自动完成耗费人工巨大的巡检工作。同时深圳地铁在全国率先实现了基于 5G 的车地互联。采用 5G 回传技术，深圳地铁能够实现一小时产生的 25 GB 视频数据，仅仅两分半钟就可以下载完成，并且能够到站自动对准，不需要人工干预。搭配 AI 视频分析能力，最终达成了车辆检修的实时完成。在节省了极大人工成本之余，提高了城市交通的安全系数。

这是一个智能技术与产业场景深度结合的案例，例如 AI 要能够知道什么是胀轨、断轨这些专业概念。这是一个需要与行业智慧结合，并且用复杂技术集群完成的工作，很好体现了沃土智慧平台的特点。在这个案例中，视频分析、5G、AI、车地联接技术轮番上场，在自动化的前提下完成了原本需要复杂人工才能实现的工作。

再例如，2019 年深圳市的城市大脑正式上线。这是一个能看、能用、能思考的智慧城市中枢。它能够感知到城市的实时数据状况，同时能够分析这些数据，甚至基于分析主动采取行动。为了达成城市的统一大脑，华为帮助打通了42个系统、100多类数据、17万多路视频，最终达成了深圳市统一的大脑。从这几个细节，其实可以看出沃土数字平台商业落地进程中展现出的特性：作为国内唯一商用的数据融合平台，它实现了业务与数据全面、实时化融合；通过与合作伙伴共建开放平台，结合行业解决方案与生态智慧实现联合创新；通过领先技术、开放架构、持续沉淀的行业套件以及友好的开发体验，提升开发者效率；通过异构计算、端边云协同组织产业，解决数字化深度发展必须面对的技术融合问题。

由此可以发现，沃土数字平台真正带给产业的，是展现出技术深度与产业需求关系之间的调和与协同，以及传统产业进行深度智能化的可能性。从华为的技术领先，到用户需求与价值的包容滋养，展示出了沃土数字平台的"太极之道"。

如果说，数字技术迭代的高效率和大规模并发，是产业数字化的阳面，那么现实中政企用户需求差异化、经验化和生态化的阴面，往往是不能被满足的。而沃土数字平台的特性在于，它首先保证抽取了技术的先进性、集成性、可用性，组成了产业需求的阳面；同时强化平台的行业知识、定制化智慧以及生态解决能力，构筑了产业需求与技术革新之间不可缺少的阴面。

在华为的技术体系基础上，沃土数字平台并没有变成技术工厂与解决方案冷冻箱，而是积极为产业数字化提供调和。在技术的刚性优势基础上，华为着重从现实产业结构中归纳、凝聚生态化柔性力量的一面，组成中国智慧中的太极之道，为数字经济与数字化转型，提供了真实而丰富的进入方式、融合方式、共生方式。

周敦颐在《太极图说》中说:"阳变阴合,化中偏正,万象成焉。"沃土数字平台的价值,在于在技术的阳性,与产业经验、行业智慧、商业模式的阴性之间达成集成与平衡。这个平台具备积淀、融合、开放和高效的特性,包容业务深度转型、定制化方案的需求,实现真实可感的敏捷创新。具体来说,阴阳融合之道层层体现于沃土数字平台内部:

(1)技术层的静与动:沃土数字平台不仅容纳了大量静态技术,同时也关注技术的动态层面,例如技术的融合、跨平台打通、技术组合解决方案等。通过整合 IoT、人工智能、大数据、视频、融合通信、GIS 等多种新 ICT 能力,沃土数字平台实现了技术与业务、IT 与 OT 的多样化数据的深度融合。

(2)平台间的刚与柔:在平台层面,沃土数字平台不仅关注平台的刚性能力,例如集成、封装、解决方案交付等,同时,沃土数字平台更多从对行业的理解,尤其是华为亲身数字转型经验出发,在沃土数字平台中以开放包容结合产业智慧,满足企业级服务千变万化的需求。例如,华为公司安装了 280 路可以 1.2 秒人脸通行的解决方案,并在华为 18 个园区,430 万平方千米得以复制,访客累计通过 26 万人次,让园区从单场景智能升级为多场景智慧。本着"自己生产的降落伞自己跳"的原则,华为在数字化转型中积累了场景融合、平台打通以及数据与业务相互包容的经验,并以此构成了沃土数字平台中柔的一面。通过多种技术融合,增加数字世界土壤的肥力,帮助客户、伙伴驾驭新 ICT 的深度与广度。平台中的柔性力量成了沃土数字平台与客户间联接和信任的纽带,成了平台生态的根基。

(3)生态世界中的阳与阴:企业级服务不仅是技术,更是产业生态与商业闭环。沃土数字平台发展出的另一个关键特性，是注意满足生态伙伴的产业赋能需求与商业模式需求。合作伙伴可基于沃土数字平台，获得联合开发、营销、市场拓展等支持，并获得开发工具、人员培养、资金投入等多种方式赋能。而基于 Marketplace 则能实现极简的商业闭环，形成商业模式及技术双轮驱动。技术平台的阳面与商业模式升级的阴面互为表里，构成了源源不断的真实动力。

兼顾技术刚性突破与产业柔性赋能，沃土数字平台展现出的最大产业独特性，在于从个体需求到新锐技术之间的通道完整。在数字化经济的波澜中，华为为政企客户数字化转型，以及相关产业新生态塑造，构建了一个"天地人"的结构：

（1）接技术之天：融合 AI、5G、IoT 等新锐技术的新一代 ICT 基础设施，通过华为领先的集成与封装能力接入平台层，实现芯片级的"端管云"协同创新。沃土数字平台拥有全面的新 ICT 技术，并能快速集成，可以为政企用户带来真实价值。华为的技术保障以及软硬件能力，构成了沃土数字平台的优势基本面。

（2）行解决方案落地：构建真实的系列解决方案，融合华为数字化转型进程中的经验智慧，贴近不同行业的真实生态与产业需求。沃土数字平台中，为了使解决方案真实满足各行业需求，提供了大量的基础引擎，例如开放的架构与能力、高效的产业协同工具、优质的平台生态等。这些从用户真实需求和困难出发的方案，让沃土真正变成了沃土，让数字经济成了能够接地气、能够为各行业感知和接受的方案。

（3）聚合生态之人：发挥合作伙伴优势，提供协同组织与产业赋能，让个体去最大幅度创新。

这三层结构作为纬线，沃土数字平台构筑了以 AI 为手段，数据为核心，网络为桥梁，运营为抓手，鲲鹏、昇腾两大芯片为支柱，集成华为 ICT 技术与平台化能力的产业数字化通道。

由于它的完整度和容纳度都堪称业界标杆，于是我们看到了深圳智慧城市以及城轨、园区中案例的独特性，印证了为什么传统企业可以在沃土数字平台找到最好的解决方案；更可以得出在数字经济深水区中，沃土数字平台作为各行业数字化驱动器的长期战略价值。

沃土数字平台中的产业思考，归根结底是在技术容纳和产业理解两方面保持平衡与完整。不放弃任何一种数字化进程与产业规律，不抛弃和狭义化传统企业的数字化需求，不割裂物理世界数字化转型的可能性，不忽视生态合作伙伴的利益诉求。

在拥抱天空的同时手拈泥土，产业数字化的进程里，会奖赏那些能够包容过去与未来，温暖而坚定地为对方思考的产品、平台以及个人。

第 5 章
智能计算世界里的"大力神"

在过去五年,全球对于人工智能算力的需求提升了数十万倍。这个"恐怖"的增长级别背后,隐藏着人工智能走入经济实践中的最大问题:需要人工智能的地方,不一定能获取到算力充沛、技术适配、成本适宜的人工智能算力。这个问题是制约产业智能化发展趋势的关键,同时也是技术服务商能够看到的关键机遇。

为此,2018 年 12 月华为宣布将原有服务器产品线升级为华为智能计算业务部,继而打开了华为在智能计算领域的一系列技术创新和产业生态布局。华为智能计算的产业结晶,毫无疑问是旗下的 Atlas 人工智能计算平台。本章我们将从 Atlas 出发,解析云、边、端各场景中的智能计算问题,以及华为给出的解题思路。

1. 擎天神 Atlas，撑起智能计算风暴

如今尽人皆知，人工智能落地需要算力、算法、数据，三者缺一不可。但是事有轻重缓急，如果今天问人工智能服务提供商和应用企业，人工智能最迫切需要的是什么，我想答案应该是统一的：算力。

我们知道，摩尔定律下的算力在 18 个月翻一倍。但这与人工智能算力需求每年以几万倍增长的情况相比，显然是"入不敷出"。尤其是人工智能专项加速算力，在全球范围内都处在需求远大于供给的情况。毫无疑问"算力饥渴"是人工智能发展之路上的第一堵墙。而困难同时也是机会，在华为全面拥抱人工智能的技术与产品体系中，专门有一个部门的一系列产品，就是针对 AI 专项加速算力的需求问题而生。

2018 年 12 月，华为宣布成立智能计算业务部，这一部门将面向华为 AI 体系和外界产业需求提供 AI 算力支撑方案。而在智能计算的产品体系中，Atlas 人工智能计算平台是专门应 AI 算力需求而生的系列产品解决方案。Atlas 这个名字，是古希腊神话中撑起宇宙的大力神。华为显然希望自己的 Atlas，也能支撑起汹涌而来的智能时代。

人工智能就像蒸汽机和内燃机一样，是一种通用技术，可以与各行各业的生产体系相结合，挖掘生产力和生产效率再提升的可能。那么人工智能算力，就是这一次生产力升级中的煤炭与石油。在人工智能发展中涌现出的算力难题，也不仅仅是有无芯片的问题，而是如同其他能源体系一样的复杂体需求。例如，缺乏神经网络的专项加速算力作为支撑，企业应用人工智能时就会面临训练时间过长和能耗过大两方面的问题，造成很多产业实践根本无从开展。 我曾经采访过一位

生物工程领域的博士,他构想的 AI 算法原本设计很好,但因为学校缺乏相关算力资源,训练一次需要几个月的时间,最终导致研究项目根本无法满足时间规定。这样的案例不胜枚举,如果 AI 想要在实践中跑起来,算力供给是先决条件。

而边端场景无法渗透,也让人工智能缺乏实际可操作性。人工智能算力主要通过云服务来输送,但不能避免同时还有大量不能依靠云计算体系的算力需求。如果所有任务必须回传云端,将带来的直接问题是很多要求低时延、小数据训练量的任务缺乏实操可能性。典型的案例,就是智能交通中要用到大量智能摄像头,摄像头的数据如果全回传云端处理再进行决策,那么很有可能交通情况已经发生了变化,这无法起到实时监控、实时分析的作用。

另外,很多行业缺乏人工智能垂直解决方案,也导致了人工智能的使用困境。常见的情况是,具体到某一产业,需要的算力解决方案相对复杂,它不是对基础 AI 能力的调用,而是与产业生产逻辑与已有技术体系相结合。那么这种情况就不能只是简单地引用算力,而是需要对算力进行改造和定制,以符合企业的最终需求。这样相对复杂的算力需求,在能源、汽车等行业尤为显著。算力提供者必须与行业垂直技术解决方案提供商、数据公司合作,构建完整的行业垂直计算解决方案。

三者相结合,构成了今天 AI 算力广泛缺乏且需求复杂的局面。而华为智能计算业务部面对这些问题的解答,就是 Atlas。

2018 年 10 月,华为发布了昇腾系列 AI 芯片以及全栈全场景 AI 解决方案。将昇腾芯片、全栈全场景 AI 能力与业界主流异构计算部件,集成在各种规格的计算加速产品里,就构成了华为的 Atlas 人工智能计算平台。

目前，Atlas 拥有提供云服务器 AI 算力升级的 Atlas G 系列产品，并且推出了面向端侧的 Atlas 200 AI 加速模块、支撑业界最高密度 64 路视频推理的 Atlas 300 AI 加速卡、面向边缘侧的 Atlas 500 智能小站，以及定位于企业领域一站式 AI 平台的 Atlas 800 AI 一体机、拥有全球最大 AI 算力的 Atlas 900 AI 训练集群。这些产品就像乐高积木一样，从大到小，覆盖了云边端各种场景，并且能与华为云服务打通，基于多种排列组合，构建出完整的产业 AI 算力实践方案。让我们先来看看 Atlas 家族的一些成员：

Atlas 200 AI 加速模块体积上只有两块硬币大小，可以灵巧地集成到各种终端设备当中，7 倍提升终端设备的 AI 算力。例如在无人机、摄像头、服务机器人中。Atlas 200 可以赋予这些设备自主完成人脸识别、体态识别等任务的能力，数据不必回传云端，即刻完成运算，同时也不惧设备离线的尴尬。

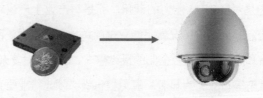

Atlas 200

Atlas 300 AI 加速卡，是面向数据中心和边缘侧服务器场景的机器视觉任务加速装置。它支持多种数据精度，单卡即可提供 64TOPS INT8 计算性能。通过 Atlas 300 的赋能，摄像头、人脸识别仪等机器视觉装备，可以快速、准确地支持多路人脸视频流和图片流的接入和转发，以及人像综合服务。只需要使用一张符合条件的人脸图片，就可以完成目标身份信息的查找计算，让人脸识别等场景变得快速、准确、稳定。

Atlas 300

Atlas 500 智能小站,是集成 AI 处理能力的边缘产品,只有一个机顶盒大小,可以实现 16 路高清视频处理能力,并且支持 -40 ~ 70℃的室外环境。用 Atlas 500 搭配摄像头,可以轻松完成单个场景如医院、学校、敬老院的智能监控。

Atlas 500

Atlas 800 AI 一体机,是用于搭建电信业务 AI 模型训练平台的一体化算力提供设备,以全模块化设计,最大支持 32 张 Atlas AI 加速卡。通过它,企业可以轻松完成 AI 任务训练和部署,极大提升 AI 业务理解与应用能力。

Atlas 800

Atlas 900 是当前全球最快的 AI 集群，被网友们戏称为"地表最强 AI 算力"。它由数千颗昇腾 910 AI 处理器构成，整合 HCCS、PCIe 4.0 和 100G RoCE 三种高速接口，总算力可以达到 256P ～ 1024P FLOPS。在业界通行的 ResNet-50 测试，可以有效展现 Atlas 900 的算力领先性。Atlas 900 完成这一测试只需要 59.8 秒，而世界排名第二的 AI 算力集群需要 70.2 秒。Atlas 900 天然是为大规模 AI 训练而生，其对应的应用场景有天文测算、气象数据处理、石油地址勘探、自动驾驶等，可谓名副其实的"AI 重器"。

华为的策略在于，通过构建 Atlas 完整的产品体系将 AI 算力普及到各个场景中。无论是室内还是室外，推理还是训练，都可以利用 Atlas 的排列组合实现灵活的 AI 算力供给。

回到我们开始讨论的 AI 算力瓶颈问题中，可以发现 Atlas 的市场化和产品化，主要解决的是企业 AI 算力不足，只能单纯依靠进口 AI 算力产品的尴尬。继而通过灵活多变，变现端边云多种场景的产品形态，解决了端侧、边缘侧的 AI 算力需求。在发布 Atlas 的同时，华为智能计算也开始打造基于 Atlas 的产业生态。在 2019 年 3 月，华为举行了华为智能计算产业峰会，会上华为智能计算与产业技术专家，金融、互联网、电信运营商等行业客户，以及依图、以萨、华宇、格灵深瞳等产业合作伙伴，共同成立了华为智能计算生态联盟。

这样一个联盟的任务，就是完善和发展 Atlas 产业生态，一方面让合作伙伴利用 Atlas 可以完成自身的 AI 技术创新和产业 AI 解决方案实现，另一方面可以让客户在 Atlas 生态中准确寻找到定制与升级 AI 解决方案，从而应对行业特性与产业升级需求。Atlas 的产业价值在于把 AI 算力的特性做到了 IT 基础设施上。Atlas 构筑了从底层算力、中间件到上层应用的整个框架结构。基于这一基础设施体系，人工智能公司与产业客户可以找到新的对接舞台，并且让很多无法落地的想法真正成为现实。

发布之后不久，Atlas 人工智能计算平台就在多个行业完成了场景落地应用，并且能够渗透到云边端不同的场景组合当中。例如在某银行的案例中，使用 Atlas 加持边缘计算，人脸识别代替了刷卡，身份识别准确率大于 95%，并可以达成无停顿通行。而在南方某城市的交通案例中，Atlas 被广泛应用到了智能交通监控设备与智能大脑的方方面面，从而让复杂、高流通性的交通场景获得了充沛体系化的 AI 算力加持，实现广泛采集人、车、证多种数据，并达成了数据碰撞、多轨合一、多维布控等功能。在应用区域，智能交通体系根据拥堵情况调节红绿灯，道路通行速度提高 9%，高峰时期的拥堵时间减少 15%。而在云侧计算场景，Atlas 的效果也很明显。例如某基因生物企业，利用基于 Atlas 的加速云服务，大幅缩短了基因测序时间。相比传统基于 x86 的云服务平台，Atlas 帮助企业提高了 5 倍的计算效率，端到端综合成本下降了 30%。

可以看出，随着对 AI 通用化进程的理解加深，Atlas 的产业基础和应用实践也在一步步叠加。通过构建云边端多场景应用的渗透，以及对视觉、语音、数据智能等多种 AI 任务的有效加速，配合产业生态的构建，Atlas 事实上已经成为业界唯一能提供全场景 AI 方案的硬件平台产品。或许现在只是"擎天神"刚刚开始工作的时候。

Atlas 可以说是华为人工智能之路上，一项今天无法绕开的、关于未来的基础工程。

❷ 企业 AI 的封印，为何能被 Atlas 之箭打开？

让我们从更直接的角度，来分析一下 Atlas 系列对应人工智能开发者和应用企业的价值在哪里。我采访过很多 AI 企业，但往往给我留下深刻印象的，是那些"想用 AI 却没有成功"的企业。例如我采访过湖南一家物流公司，他们希望给自己的仓储园区安装智能摄像头系统，用 AI 来帮助监测烟头、烟雾等意外情况，以及进行区域人脸识别来助力安防。而我了解到，这个设计的初衷虽然很好，但是在实际应用时却出现了状况——用普通的摄像头跑 AI 算法效率太差；而市面上的智能摄像头又无法满足企业预期；研发人员想买 AI 加速卡来帮助摄像头体系部署算法，却发现主流的加速卡不仅价格非常昂贵，还往往没有现货，要等相当长的时间。

由此可见，虽然 AI 的第三次热潮正极大地刺激着企业的神经，但对于广大企业来说，AI 之门仍被"封印"。问题出在哪呢？

冷静地想一下，AI 走进千行万业，需要的不仅是云计算与大数据服务，而是要在边缘场景、端侧场景部署大规模算力，需要应对企业具体生产场景对 AI 算力的定制化需求，以及企业的成本负荷能力。例如这家物流公司，他们必须要在摄像头和园区边缘计算场景中获得充沛算力，并且成本不能过分高昂，才有可能真正打造一个心目中的智能园区。

然而理想总是撞上骨感的现实。AI 产业迅猛爆发导致的边端侧算力需求猛增，实际遇到的却是行业内只有极少供应商能够提供相关产品。对于渴望智能化转型的初创企业和中小企业、实体经济企业来说，边端侧算力饥渴正成为切肤之痛。

从本质上讲，AI算力问题不是单一的技术或者成本、性能矛盾，而是一个复杂的综合问题集合。我所采访的那家企业园区的困境，非常有代表性：想到了要购买端侧AI加速产品，却惊讶地发现成本不足，甚至干脆买不到，正是今天大量中小企业的集体痛点。这是由市场供需而决定的。在边端侧AI算力加速这个十分重要的领域，目前市面上提供的产品选择确实非常稀少，或者可以说由某北美品牌所垄断。近几年来，有越来越多的国内外企业进入了人工智能边端侧算力的市场，但普遍还停留在设计和战略阶段，一家独大和产品选择稀少，让这个市场的供需关系长期失衡，束缚了企业用户和开发者的手脚。

正如前文所述，中小企业想要用到边端侧的AI算力，有几个坎必须要过：算力产品太贵，难以支撑企业大规模部署；购买流程太长，官网经常要长时间排队，导致有些企业只能选择消费级产品顶上；兼容性差，云边端无法协同，导致部署和开发存在种种困难——继而这些困难还引申出解决困难需要大牛帮忙，又导致了需要的技术人才门槛太高，造成开发困境——这构成了恶性循环。

在这样的情况下，如果始终缺乏新的"突围者"，就会导致算力困境长期存在。这种背景下，华为在2019年4月正式推出了Atlas人工智能计算平台，这一系列产品不仅能够加持云计算和大型服务器场景，同时也作用于急需算力产品解决方案的边端侧场景，并且以主流的性能搭配"颇有杀伤力"的性价比。通过将华为的Atlas与目前流行的北美主流产品进行对比，会发现华为Atlas的边端AI算力产品，在主流性能、算力更强的基础上，对开发者和中小企业抛出了具有诱惑力的价格——相似价格的产品中，Atlas提供了数倍于主流产品的AI算力。同时值得注意的是，华为向来以工程能力强劲、服务优质和供货充沛著称，所以华为 Atlas 无形中的竞争力，在于降低了开发者的时间成本与意外成本。

在嵌入式 AI 和边缘智能层面，长期以来的现状都是开发者要将就，企业用户很迷茫。在大家以为这将是长期现实的时候，Atlas 就像石子落入湖水中，在沉闷的产业形态中激起了涟漪。Atlas 产品的落地加速了全栈全场景的产业变革：首先 Atlas 丰富了华为的智能计算序列，为大量 AI 业务落地和 AI 生态生成夯实了基础；同时 Atlas 产品可以在华为昇腾系列芯片滚动更新中，展现出平台化产品的延展性，在边端侧 AI 加速产品这个相对空白的市场领域，为华为展开一条新的赛道。

普惠 AI 的起点是算力成本下降，所有人工智能的故事，都必须以它为序言。

3. 从东京到欧洲：华为智能计算的全球之旅

Atlas 人工智能计算平台推出之后，引发了各行业人工智能应用者、开发者的不少关注。而另外一个能够让我们更全面看待 Atlas 的角度，就是智能计算全球化。日本和欧洲智能计算产业对 Atlas 人工智能计算平台的接受，会帮助我们更全面地思考华为的人工智能体系在全球产业链中引发的连锁效应。

2019 年 6 月，华为的 Atlas 500 智能小站在 2019 Interop Tokyo 中荣获了 Best of Show Award 大奖。Interop Tokyo 是全球知名的 ICT 产业展会，也是日本规模和影响力最大的 ICT 展会。而 Best of Show Award 奖项评选，则是这一国际顶级展会的标志性环节，每年会由业界权威专家与学者组成评审团，从数百个提名方案中评选出最具创新和技术领先、商用价值高的 ICT 产品解决方案。2019 年的 Best of Show Award，极具突破性地颁发给了 Atlas 500 这样一款边缘智能计算产品，或许可以视作 ICT 产业向智能化过渡与发展的年度风向标。这一奖项的背后，意味着全球 ICT 行业对 Atlas 500 所代表的新方向、新能力的认可，以及对华为智能计算能力与产品的认可。

Atlas 500 的获奖背后，是一个智能产业新方向正在开放。AI 算力 + 边缘场景这个以往没有得到充分重视的领域，在产业进化轨迹中展现出了市场需求。而 Atlas 500 的意义也在于，华为通过它证明了自己是这一新市场的需求洞察者与实践先行者。

Atlas 500 针对的是边缘场景中 AI 算力设备这一目前基本处于空白期的市场，在人工智能的产业实践中，尤其是在线下物理空间中，针对空间、产业与计算密度等复杂因素，往往需要在边缘侧设置足够的 AI 算力。我们知道，AI 走进产业现实，必须保证识别、推理等运算能够满足实时化、低延迟的可用性需求。这就导致一切依靠云计算来实现并不可能，大量实时化、涉及安全需求的数据，必须在本地处理。然而现实中让每个终端都具备充沛的算力又不可能，这一方面会极大加强成本负担，一方面也可能造成大量浪费。这种情况下，在边缘侧部署 AI 算力，就是 AI 实际应用中必不可少的一环。在产业 AI 实践里，往往需要可以实时改装增添的端侧、云侧、边缘侧 AI 算力组成一体网络，来真正支持 AI 模型长期准确运行、数据安全稳定吞吐。在园区、超市、学校等场景中，边缘 AI 算力的需求尤其明显。

以中小型超市场景为例，机器视觉摄像头具有很多功能，例如自动安防预警、人流识别、特殊情况识别,甚至人脸支付等新零售体验,都需要应用到 AI 的能力。但是中小型超市由于所处的地理位置特殊,例如建于地下或者网络覆盖不佳,如果完全依赖云端处理,那么智能摄像头会由于网络延迟导致工作效率低下。但是如果把每台摄像头都换成造价不菲的智能摄像头,超市又将承受过大的成本压力。这种情况下,一台 Atlas 500 就可以提供若干台摄像头所需的智能算力,应该说构成了最优解决方案。

以先进性和严苛性著称的日本 IT 市场,也对 Atlas 500 给予了高度评价,这意味着 Atlas 500 在两方面是具备相当的说服力的:突破性满足了产业需求,填补了市场空白;提供了完备、可用性高的解决方案。Interop Tokyo 的荣誉之后,Atlas 500 的真正战场,在于接下来走进广泛边缘智能需求的"万物智能"。

Atlas 500 的独特定位,可以看作华为智能计算体系在云和端之间的一个支点。由此开始,华为将在智能计算领域探索能够全场景部署、满足各行业需求的全栈 AI 解决方案。

在华为的智能计算战略中,灵活、实用、可定制将是关键因素。接下来 Atlas 500 的目标,是能够与更广泛的 IoT 场景结合,与真实的生产实践贴近。

再让我们把视野投向欧洲。新的经济形势走向与一系列新技术的爆发,都让世界科技版图发生了新的变化。例如,中国与欧洲之间的经济、贸易、科技互动,正在迎来明显的上升期。中欧两地在科技产业发展区位上的变化,也令中欧科技的互动发生明显的升级。

"中欧科技新周期"这个命题,最明显的变化发生在人工智能上。我们知道,今天 AI 是世界各国共同瞄准的技术高地,为此各自提出了一系列战略计划与产业赋能方案。而在各自发展之外，AI 的另一面是需要各经济体之间优势互补，打造更加强劲的国际协同产学研网络。尤其在 AI 走进各行业的应用纪元中，对于以算力、数据、框架为代表的 AI 基础设施来说，高效协同的国际网络价值远大于一切从头开始。

2019 年 11 月，华为展开了一系列面向欧洲机遇、欧洲伙伴和欧洲开发者的 AI 生态计划，将华为智能计算带到了欧洲市场。在其中可以发现华为提供的 AI 基础设施，与欧洲市场之间具备着明显的互补性效应。

自 2017 年底以来，英国、德国、法国等国家先后推出了 AI 发展规划，随后欧盟也发布了欧陆一体化的 AI 发展方案与建议。整体而言，欧洲对 AI 技术与产业应用的发展需求十分迫切。尤其 AI 技术与制造业、城市管理、医疗、交通等领域的结合，对于产业链完全、信息化基础良好、人力成本昂贵的欧洲来说格外重要。与此同时，欧洲发展 AI 也面临一系列挑战。例如欧洲缺少计算与互联网领域的巨头公司，AI 底层技术严重依赖谷歌、英伟达等北美巨头；再者欧洲的产业优势在于算法创新、基础研究和高级人才，但 AI 技术的产业化路径和基础设施建设则相对处在短板；其次，数据主权、社会福利等传统议题始终萦绕在欧洲的 AI 发展之上，这导致欧洲需要更有选择空间的工具来寻找适合自己的 AI 发展方案。

优势与挑战的并存，让欧洲 AI 发展的需求格外清晰：更完备的产业化 AI 基础设施、更集成化的 AI 解决方案、更好的开发环境，是欧洲产业 AI 向前发展的主要突破点。2018 年 3 月，欧洲政治战略中心发布了题为《人工智能时代：确立以人为本的欧洲战略》的相关报告，其中就将发展 AI 计算产业基础作为主要推动事项。

而在北美巨头往往只提供基础开发框架、开发工具，以及适配 AI

的 GPU 产品时，带着全栈全场景 AI 以及体系化智能计算产品而来的华为，恰好能为欧洲提供极重要的"新选择"。

2020 年，是华为进入欧洲的第二十年。过去，华为为欧洲提供了强大的通信网络解决方案，深深扎根于这片土地。那么当华为与欧洲在"AI+计算"领域完成相遇，一个新的故事即将展开。AI 的发展进程，正在经历从学术研究与小规模开发者为主体，走向大规模训练、并发式作为主要特征的产业应用。这个阶段，传统北美巨头提供的 AI 计算产品就出现了在集成化、产业化上相对滞后的局面。密集复杂的线下场景推理部署、产业级的持续迭代训练，以及超大规模的集群式训练，都无法在固有 AI 算力产品框架中得到解决。

为了让创新性十足、应用场景百花齐放的欧洲企业和开发者更好地用到 AI，就必须解决算力产品的全栈性、多元性问题，以及训练算力的饱和度问题——而这恰好是华为瞄准的机遇。

在昇腾 910 芯片投入商用以来，Atlas 系列产品迎来了大规模"扩军"。而华为也第一时间将全栈、多样、适配多个 AI 计算场景的 Atlas 产品带到了欧洲。与北美巨头在智能计算领域"摆上货架即可"的模式不同，华为选择与欧洲企业、开发者一同创新，共同打开智能计算的产业市场。同时，通过高效、大力度的赋能方案，加速欧洲 AI 产业与计算应用的成熟，让开发者主动适应昇腾，在昇腾中寻找发展机会，最大化激活欧洲的 AI 创新能力。具体来说，华为未来 5 年将投资 1 亿欧元，与产业组织、20 万名开发者、500 家 ISV 伙伴、50 所研究机构与大学共同合作，全面启动欧洲 AI 生态计划。

首先，在产业基础层面，华为将从三方面协同欧洲关键组织进行推动：围绕 AI Alliance、ETSI 等推动 AI 伦理、AI 安全等规范和标准制定；联合 BDVA（Big Data Value Association）推动 AI PPP 欧盟项目，推动 AI 研究、欧洲垂直产业发展；与 Falling Walls Foundation 一起建设欧洲 AI 高校生态。

其次，在联合创新领域，华为将与 ISV 伙伴进行联合解决方案开发。以慕尼黑和巴黎的两所 OpenLab 为 AI 能力中心，为 ISV 伙伴提供硬件、开发和移植、联合市场拓展等支持。华为还将进行一系列使能欧洲 AI 开发者的行动。例如线上的昇腾开发者社区、线下的系列技术沙龙、开发者大赛、开发者支持等。

同时，为与欧洲联合培养 AI 人才和创新昇腾，华为还将与产学研各界合作伙伴联手打造 AI 课程和教材，并建立联合实验室。华为将为合作高校提供 3 门 AI 课程：基础 AI 理论、基于昇腾和主流框架的开发、昇腾软件架构和开发指南，并于 2020 年陆续发布 4 本昇腾开发教材。同时与合作高校和研究所共建联合实验室，开发算法模型和基础应用。

通过这一系列行动，华为希望将智能计算生态，打造成与欧洲产学各界的技术、人才、产业紧密相关的命运共同体。在建设欧洲、创新欧洲的同频中，寻找将欧洲 AI 生态做成更大蛋糕的机会。

华为与欧洲企业、行业基于智能计算的联合创新也已经开始。例如华为与荷兰 StoryTemple（一家专业提供互动展示平台的 AI 创业公司）签署了联合开发协议。在其开发的一套物体识别算法中，Atlas 可以有效提升模型的训练速度，帮助其缩短软件产品开发过程。而在通信领域的 IT 服务商上，华为与意大利 IT 服务和解决方案供应商 AGS，宣布将在制造行业智能质检、能源行业智能开户、金融行业潜在客户挖掘等领域进行创新的联合 AI 解决方案开发。

如今我们能观察到，华为在智能计算领域，至少已经提供给欧洲三块具有独特价值的产业拼图：首先是智能计算产品的全面性、多元性，能够满足从训练到推理，以及不同产业特性、产业周期的 AI 算力需求；其次华为坚持与欧洲共同探索，而不是等待欧洲发展人工智能，把视野集中在和欧洲伙伴一起探索 AI 算力的可用性、产业价值与未来增长空间；此外，华为坚持技术、商业、人才的并轨，通过综合使能方式培育生态，先繁荣欧洲 AI 生态，再从中获取未来价值。

华为的智能计算拼图，正在一块块拼接出全球化的新纹样。

4. 从海洋到天空：何处需要智能计算？

也许有人会好奇，所谓智能计算是否距离我们很远？它会不会出现在普罗大众的生活当中？也许我们可以从两个与我们生活特别接近的角度，审视一下智能计算究竟能带来什么。

2019年5月6日，中国海洋大学与华为在青岛签署战略合作协议，共建智能高性能计算技术联合实验室。双方宣布将依托华为自主研发的高性能计算设备，发挥中国海大的学科优势，共同围绕全球气候气象精细预测、海洋生物医药资源精准开发、智慧产业经济精细服务等重要领域，携手打造生态体系。

而海洋就是一道关乎社会环境,与每个人息息相关的人工智能课题。如今从海洋科研到海洋开发、海洋保护,关于大海,人类已经构筑了一个漫长的学术产业生态。海洋学家已经开始尝试把 AI 技术引入到海洋研究中,例如通过 AI 来实现海洋气候的模拟和预测,监控海洋生物的状态和变化等,但是当我们把 AI 纳入其中时,却会发现事情并不那么简单。

最根本的问题在于,就像是基因和宇宙一样,海洋可以看作一个无比巨大的数据集,包含了丰富的数据模态,海量的数据需要强大的算力来支撑各项研究。除算力问题之外,海洋生态对 AI 的渴求,还受制于算法和人才稀缺、应用产业不完备、网络传输环境不佳等问题。但 AI 算力问题,可以看作是海洋保护 +AI 的头号难题,因为只有这个问题得到了缓解,其他的问题才有机会解决。

用人工智能保护海洋,还有个核心问题在于对海洋的研究和探索,是一门非常尖端的综合类自然科学。需要非常深厚的学术功底与学术经验。而人工智能作为一项新生信息技术,其算力、数据与算法开发基础,基本掌握于高科技企业和高校手中。因此,产学研配合与合作,是解决人工智能海洋保护问题的关键。而华为与中国海洋大学的合作,结合了产学两端。

我们知道,中国海洋大学是我国海洋研究领域的翘楚。依托于青岛的海洋研究优势和身后的学术积累,在海洋学、细胞生物学、海洋化学等领域都走到了世界前列。而华为智能计算的优势在于为人工智能应用场景提供高效充沛的算力,以及面向人工智能领域提供全栈全场景的解决方案能力。充沛的 AI 算力和优秀的科研人才进入海洋保护事业,向海洋研究与人工智能技术结合的数字海沟发起了冲击。

另一项与自然环境息息相关的计算是遥感。无论是农业、地质,还是气象预测，在今天都无法离开遥感技术的身影。但是大量测绘到的遥感数据，却面临处理时间过长、人工处理效率低、错误率高等一系列问题。例如在山火救援中，时间毫无疑问是最宝贵的资源。但是通过卫星和无人机遥感发现着火点，需要经过数据回传之后漫长的人工找寻，从而浪费了第一时间发现着火点的机会。而如果在遥感器材中搭载人工智能能力，这个问题就可以迎刃而解。假如无人机可以实时、自动发现和分析出着火点，那么救援人员将实时掌握火灾动向，从而提高救援效率，避免悲剧的发生。

遥感与人工智能的故事正在不断上演。2019 年 9 月，由国家自然科学基金委信息科学部、"空间信息网络基础理论与关键技术"重大研究计划指导专家组主办的遥感图像稀疏表征与智能分析竞赛落下帷幕。这届比赛的一个独特之处在于，大赛在决赛中设置了基于华为昇腾 AI 处理器的遥感图像解译加分赛，要求参赛队伍须将决赛算法模型移植于 Atlas 200 DK AI 平台，实现算法模型的推理计算，探索人工智能与遥感结合的可能。

比赛中获得特等奖的队伍，所选择的赛题是遥感图像变化检测。遥感图像变化检测可以对同一地点的不同时相数据进行变化检测处理，在资源和环境监测、地理国情监测、自然灾害评估等领域具有高度的实用价值。目前遥感图像变化检测的前沿算法在数据层面以及算法设计层面均具有一定局限性，导致算法在实际应用时效率低下。夺冠队伍的解决方案是应用将近两年来 AI 中非常火热的少样本学习，在数据样本相对不太丰富的前提下，尽可能通过迁移学习和样本泛化，提升数据的利用效率，最终的模型在精度和效率上都表现优异，其提出的技术创新可以应用到遥感防灾等领域中，对于灾害情况进行精准的分析甚至预测。

而这支队伍提出的算法，独特之处在于将推理环节分为了两部分，一部分设置在云端，另一部分则应用了边缘计算。这种分布式计算极大地提升了模型的推理效率。背后提供支持的就是华为为竞赛提供的 Atlas 200 DK AI 开发者套件。这一套件通过外围接口释放出了昇腾 310 芯片的算力，并且可以快速搭建、快速迭代，方便参赛开发者尽快熟悉上手，不断调整策略时可以实现算法的快速更新迭代。

从中不难发现，在人工智能与遥感结合的产业逻辑中，算力这一元素起到了非常重要的作用。处理遥感图像，本身就意味着海量的计算需求出现，能否满足不同的计算需求，也意味着 AI+ 遥感能否融入更多场景。例如在中低空遥感领域，有很多追踪类的任务，像是追踪灾害蔓延轨迹，或是追踪野生动物。这种时间紧、任务重的计算工作，就考验着无人机、摄像头等终端设备中能否搭载 AI 算法实现实时识别追踪，也考验着终端的计算能力。Atlas 200 AI 加速模块带来的强大端侧算力，让无人机、嵌入式摄像机等遥感领域经常应用的硬件也能获得实时计算能力，实现直接在端侧进行遥感数据的分析和追踪，并且借助相对较低的成本，提升遥感智能化的普及水平。

从海洋到天空，我们生活中的众多领域正在被人工智能所改变。而人工智能无处不在的基础，是 AI 算力。Atlas 人工智能计算平台的价值正在于此。

5. Atlas 900：进击的地表最强 AI 算力

最后让我们再来说说，最能体现智能计算"暴力美学"的 Atlas 900。当我们提到人工智能时，你对它最大的期待是什么？大概每个人都希望 AI 能够改善我们的生活环境，提高我们的工作效率：让 AI 探索出治疗顽疾的新药、用 AI 治理城市拥堵、由 AI 来勘探石油煤矿……

如果想让这些愿望成真，所需之物中排在首位的就是大规模 AI 算力集群。AI 算力能够支撑对城市、星空、地球、基因的探索，是智能时代人类通往未来的关键。而 Atlas 900 AI 训练集群就是为此而生。我们可以通过一个案例，来认识它究竟能为社会经济提供什么。

2019 年 11 月，华为与鹏城实验室共同发布了鹏城云脑Ⅱ一期，正式开启千 P 级 AI 集群建设，搭载鲲鹏、昇腾处理器的华为 Atlas 900 AI 集群作为鹏城云脑Ⅱ的底座。鹏城云脑的重要价值，要从被誉为"AI 国家队"的鹏城实验室说起。

第 5 章 智能计算世界里的"大力神"

如今人类已经开始推动第四次工业革命,在这轮生产力变革中,智能技术毫无疑问是技术关键。而在这场变革里,同样需要能够支撑国际民生智能化变革的产学研底座——这就是鹏城云脑的建立初衷。由著名人工智能科学家高文院士发起的鹏城实验室,其设置参考发达国家普遍建立的国家实验室模式,定位为以实现国家使命为目标的创新基础平台。而人工智能技术,则是鹏城实验室最主要的探索路径之一。这座坐落在中国科技高地深圳的"AI 国家队",肩负着用人工智能探索国家重大课题与国计民生重要挑战的任务。而鹏城实验室首先要完成的目标,就是建立一个能支撑国家级 AI 创新的软硬件基础平台,这就是鹏城云脑。

鹏城云脑希望打造新一代人工智能基础理论、开源开放创新平台,在规划中,鹏城云脑包括国家级人工智能硬件支撑平台、云脑开源软

件平台和云脑核心智能应用研究环境，直接对接国家新一代人工智能发展战略和重大科技工程。在首批应用中，鹏城云脑将同时围绕智能交通和智慧医疗开展 AI 应用研究，支撑广东、深圳和粤港澳大湾区的重大智能应用探索和落地。

而这样一个庞大的智能底座，其基础显然就是 AI 计算。我们知道，与经典计算不同，神经网络为代表的 AI 计算任务带有明显的统计学特征，这意味着传统的计算体系不能覆盖陆续涌来的智能计算需求。也就是说，作为"国之重器"的智能底座，一定要具备超大规模 AI 算力。在鹏城云脑 I 开始向鹏城云脑 II 升级的时候，鹏城实验室的科学家们开始为鹏城云脑寻找大规模 AI 算力的新底座。而这时华为的 Atlas 900 超大规模 AI 集群适时出现，恰好能够满足鹏城云脑 II 的多种需求。在计算领域，有一个被称为"皇冠"的里程碑节点：千 P 级计算。所谓千 P 级计算，是指可以实现每秒百亿亿次浮点计算的计算能力，也就是 1000P FLOPS 算力。而 Atlas 900 的加入，能够让鹏城云脑 II 平滑推进到千 P 级算力。目前，鹏城云脑的算力为 100P FLOPS，在 Atlas 900 的帮助下，2020 年将正式迈入千 P 级算力规模，达成更好地支撑重大产学研创新的智能计算能力。

在成为鹏城云脑 AI 计算底座的过程里，我们可以看到 Atlas 900 为鹏城云脑提供了这样几个关键帮助：

（1）通过 10 倍 AI 算力的提升，彻底打开大规模 AI 计算的产业可能性，从而为关键产业的智能化升级，以及产学研重要议题提供全新支撑能力。

（2）Atlas 900 具有良好的集群性，通过华为多种网络以及智能技术加持，可以将集群损耗降到同类产品最低，实现强大的分布式并行能力。这意味着，Atlas 900 将为鹏城云脑带来最小损耗下，可持续扩张集群的能力。鹏城云脑的升级，将在平滑低损耗的情况下高速完成，确保通向未来的道路始终畅通。

（3）Atlas 900 的另一个特性，是强大的散热性能。这将让鹏城云脑的占地面积减少，环保度提升，实现绿色＋智能的未来探索模式。

专注智能的"新"，与千 P 级别算力的"大"，让 Atlas 900 成为鹏城云脑的底座，带来探索未来计算的另一种可能。而这种可能的延展空间，将顺着 Atlas 900 的应用步伐，一点点渗透到我们的未来生活。从鹏城云脑的应用逻辑上看，Atlas 900 的大规模集群化 AI 算力，将为大到国家社会，小到每个人的生活，带来一系列关乎未来的深远影响。

首先，鹏城云脑的首批目标，将向智慧交通、智慧医疗、智慧金融三大领域倾斜。在 Atlas 900 带来了算力升级之后，更大规模的研究探索将可能被执行，并通过鹏城云脑的产学研体系牵引落地。不久之后，我们生活中交通、医疗、金融领域的改变，可能背后就有 Atlas 900 的默默耕耘。其次，Atlas 900 作为智能计算底座，意味着鹏城云脑将实现从底层 AI 芯片到整体软硬件架构的自主可控。这让鹏城云脑可以更好地投入到国家重大 AI 项目的攻克中，甚至在 AI 算力层面构筑"AI 国家队"的差异化优势。在更长远的未来中，Atlas 900 与鹏城云脑的合璧，是创造全新可能性的温床。透视宇宙、洞察大地、解码基因……太多科学谜题等待着 AI 的加入。而鹏城云脑将以服务的方式开放给高校与科研机构，成为学界探索未知的新动力。

未来，或许当某个人类亘古以来的谜题被揭开时，Atlas 900 会被记到功劳簿上。

第 6 章
酝酿在 5G 时代的智能联接

想必大家都知道，华为是从一家网络技术公司起家，逐步发展成为全面覆盖 ICT 领域的科技企业。如果说人工智能代表着华为的未来，那么网络技术就是华为赖以成名的立身之本。在人工智能时代之前，华为并没有搁置网络技术本身的发展。例如大家都知道华为在 5G 技术上的领先性，引发了国际社会的种种波澜。而与公众想象不同的是，华为在 5G 等新一代网络技术上的布局，与人工智能战略并非是各自独立的。不同的技术在华为体系内形成了相互推动的机制，人工智能技术成了华为发展 5G 的关键支撑点，而华为的网络技术也在带给人工智能更多想象。

从人工智能与 5G 的关系中，我们可以重新审视华为的技术体系价值，并且能够看到 5G 时代人工智能可能迎来的发展轨迹。

1. 生于 AI 时代的 5G，跟过去有什么不同？

若干年前，我们开始畅想 5G 时代。忽然如今，中国的 5G 化商用已经开启，5G 从协议和频谱，到交换机和基站，再到移动芯片和手机，每样东西都摆在了我们面前。而在 5G 时代，最为国人关注的一个话题，就是华为 5G 技术达成了全球领先，并且在订单、出货量、解决方案领先性等维度上全面达成了世界第一。

当然，如果我们深究 5G 时代华为领先的原因会非常复杂，但其中有一个因素事实上至关重要，那就是在 5G 技术中融入人工智能，在众多领域构成了华为的技术优势。换言之，5G 与它的前辈们相比，一个重大不同就是它诞生于人工智能的怀抱中。

有一个老生常谈的话题：5G 到来会强劲刺激人工智能增长。这是因为 5G 的大带宽、低时延，是人工智能算法在工业、医疗、娱乐等领域落地的基本保障，也是移动 AI 进行大规模并行部署的支柱条件。然而在华为这里事情却有了变化：在 5G 还没开始帮助人工智能之前，人工智能已经可以先开始帮助 5G。在 2018 年，华为发布了全球首款装有 AI 大脑的数据中心交换机，通过自适应、自学习能力，可以实现以太网零丢包，端到端时延降至 10 微秒以下，达成网络效能的最大化。而在网络技术本身，华为提出了"自动驾驶网络"的概念，将全栈 AI 技术引入网络，打造了 SoftCOM AI 解决方案。基于 SoftCOM AI，网络可以完成机器学习模式的自我故障排查和自动修复，极大程度降低了使用者的运维成本。总而言之，伴随着 5G 新技术的推出，华为同时也展示了将人工智能能力遍植于电信网络业务中。从端到端的接入、汇聚,到基站、数据中心、网络运维,华为的网络正在全面部署 AI。

假如 5G 是一种新的咖啡豆,那么 AI 可以看作咖啡店引进的新方糖。从 5G 业务到整体电信网络业务的升级,人工智能在华为的运营商业务中开始逐步渗透在 5G 这杯咖啡中。在 5G 时代,华为要面对的是全球最挑剔的客户:全球范围内经历过几代网络变迁的电信运营商。

是否要选择 5G,以多大的投入拥抱 5G,5G 是否要选择华为,对运营商来说真正具有说服力的,始终是且只是技术差异。

所以华为提出运用人工智能技术,实现一个至关重要的目标:电信网络价值倍增。基于机器学习技术,全面贯通电信网络的 AI 算法将可能解决从纯人工管理网络,到机器智能与人工结合运营网络的新阶段。而在人工智能植入后,大量原本消耗人工成本和资源成本的工作效率将会被极大提升。而很多工作的智能化,又是电信网络向 5G 升级必须经历的技术迭代。例如,在接下来 4G、5G 长期共存,多种协议同时工作的电信网络阶段,运维会从一件苦差事变成更苦的差事。复杂的网络结构和用户系统,将会让在网络中寻找和解决故障变成无比繁杂的劳动力密集区域。而在人工智能加入后,华为可以让电信网络开始实现自我故障侦察和主动故障修复,这也就解放了运营商的大量运维人员,降低了运维成本。

再例如,运营商一个重大支出就是电费。目前中国三大运营商平均每家每年的电费成本要从 120 亿元人民币起步。而这个庞大的开支,很大一部分在于没人用网的时候基站载频也要工作,很多电费白白流失。而人工关闭载频,一般逻辑就是半夜关掉。但在今天很多地方已经进入不夜城模式，加上各种节日，简单的半夜关机显然不行。那么唯一的解决方案，就是让算法去学习和理解基站所在区域的用网习惯，按照自学习结果来关闭载频，实现"零比特、零瓦特"的目标。

目前，这个 AI 节能能力已经在华为与浙江移动的合作中证明了自己，帮助浙江移动节省了 10% 的电费。貌似 10% 的比例看上去不是很大，但考虑到运营商电费的庞大开支基数，就很厉害了。

同时，人工智能还可以解决电信网络体验提升的问题。例如在高铁通过区，如何让基站识别高铁，为乘客提供马力充足的 5G 网络服务，这也需要机器学习算法的帮助，靠纯人工无法完成。还有利用人工智能预测并管理流量，实现数据中心的数据流量零误码，也是 AI 展现价值的地方。人工智能可以在方方面面升级 5G 乃至所有电信网络的价值。让 5G 与人工智能交融并进，不仅给运营商带来了 5G 解决方案，同时还带来了更好的性价比与运营体验。从华为的战略出发，5G 将不只是网络升级，同时也是以智能化技术为基础达成的运营商业务价值全面升级。

华为创始人任正非接受采访时说，"以后不是这些国家禁止华为的 5G，而是求华为把这种 5G 卖给它。"无数网友为这句话的霸气点赞。从华为 5G 与人工智能并行的技术战略中，可以看到这句话的缘由。在一个庞大的技术市场面前，华为的选择不是简单粗暴地给出答案，而是追求细节的极致化、产品的极简化、客户价值的最大化。

这当然可以看作一种商业理念和产品精神，但同时这也是一个结果。能够考虑到 5G 基站如何在高铁通过时平衡网络与能耗，这种对细节和客户价值的重视，延伸出了华为庞大的研发体系，让华为在不同细节中都拥有足够震慑市场的技术实力。点点优势叠加的积累，就是华为在 5G 领域绝对的领先优势。

人工智能与 5G 的相遇，可以看作是这个逻辑的一个经典缩影。在运营商业务中的人工智能优势，来自华为在 AI 技术上的大量、长期投入，凝结着全栈全场景的 AI 能力。这一能力，是 5G 市场上的竞品都无法复制的。

2. 5G筑塔人和他的少年世界

说过了人工智能与 5G 的关系，或许我们可以借助这个视角，重新审视一下华为在 5G 领域的全面布局和体系化创新。

1418 年，在文艺复兴的中心佛罗伦萨，人们打算给他们的大教堂来一个举世瞩目的"版本更新"，也就是直到今天都闻名世界的圣母百花大教堂穹顶建造的起源。最终通过招标，天才雕塑家与建筑师布鲁内莱斯基成了这个项目的总建筑师。他最终用 20 年时间，完成了一项被历史铭记的杰作——他生前有人想接替他的工作，死后有人想复制这座穹顶，结果无一例外失败了。

究其原因，是布鲁内莱斯基在建造这座建筑时，不仅像是一位当时典型的建筑师那样工作，而是运用了最新的力学、数学、材料学、空间几何学等精妙知识。与其说穹顶是被匠人建起来的，不如说是被跨领域的综合科学"算出来"的。

华为的 5G 之塔也是如此，它不是一种技术的创新，或者某个技术秘密的出现，而是结构精密、涉及众多技术与解决方案体系的创新集成。毫无疑问，华为 5G 领先这件事引起了巨大的波澜。要知道移动通信行业数十年以来，整体格局基本未变，更没有中国公司能成为一个代际无线通信网络的技术领先者。

想要探究这个变化发生的逻辑，我们首先要正视 5G 产业的复杂度其实远超以往。而其技术路线，也在从相对单线程向着多线程改变。华为的 5G 优势，其实并不是某种技术的恰好领先，而是层层经验积累，堆叠起了 5G 高塔。

2019年2月,我来到在巴塞罗那举办的世界移动通信大会,采访了几位来自欧洲的电信运营商行业人士,从他们的反馈中开始探究华为的5G技术为何会获得认可。他们给我带来了几种关于华为5G最直接的判断,例如:

(1)算电费。在华为为5G时代提供的"自动驾驶网络"中,有一项功能是利用机器学习技术,来主动判断基站是否有设备激活。如果没有,就主动关闭设备,达成"零比特、零瓦特"的目标。我遇到的一位运营商员工,他很仔细地反复询问这项技术,尤其关注已经达成的案例,并且马上开始细致计算电费。他告诉我,功耗问题和电费支出其实是他们主要关注的方向。

(2)对8K直播的惊奇。也有运营商对5G应用很感兴趣。采访某家企业时,他们认为最感兴趣的是高清直播。在他们看来,直播在欧洲是一个大家很喜欢但其实大家都在忍受的东西。于是他们很期待5G高清直播在未来变成一种新的运营商商业模式,甚至可以联系到电视业务。

(3)从来没想到,5G基站居然更轻更小了。我还了解到一种对华为5G技术的关注点,在于华为推出的刀片式基站。面对这个一只手就能提走的长方形白盒子,有位运营商代表十分感慨地跟我说:他一直以为5G基站会非常大,有非常多天线;他们甚至考虑过在野外如何布置"多角怪"基站,没想到最后看到的华为基站却截然相反。

总结一下运营商的直接反应,会发现运营商在选择和思考5G时,是谨慎地站在自身业务链上进行考虑的。他们不仅关注5G快不快,同时也关注5G带来的换装压力、运维压力和迭代成本。而华为的5G

基站之所以能发货超过 4 万台,成为 5G 网络市场实质上的唯一出货者[①],答案也孕育在对客户需求的综合技术解决能力里。5G 是一个技术流程非常漫长,涵盖大量不同技术场景的通信技术体系。漫长而众多的技术名词,也让行业外关注 5G 的消费者搞不清某家的 5G 到底强在哪里。通过欧洲运营商的反馈,我们可以将华为在 5G 上的主要技术优势总结为四个方面,它们或许也可以看作华为 5G 之塔的四根塔柱:

(1)符合预期的网络能力。5G 是种通信网络,那么核心当然还是网络速度要达标。2019 年初,华为与中国联通合作,进行了 5G 网络测试,峰值速度达到 3088 Mbps。为了让网络更快、更稳定,华为在 5G 网络领域提出了 5G 综合承载、5G 云化核心网解决方案,并且是 50GE、SRv6 等产业的关键贡献者、5G 微波的技术领导者。就网速和稳定性、可用性而言,今天华为都将自身解决方案推到了业界最领先的位置。这可以看作华为 5G 的敲门砖。

(2)关键领域的芯片突破。可能与大众想象不同,5G 网络中芯片能力十分关键。更加复杂的网络传输场景、更多自动化及智能化的需求,都让 5G 网络需要建立在更强的半导体能力之上。在这个层面,华为发布了世界第一款 5G 基站芯片天罡,其吞吐量领先业界 2.5 倍,拥有更好的集成度。在未来,5G 网络必然是要搭载更复杂的网络识别算法进行主动消耗克服的,换句话说,网络的计算能力将被史无前例地放大。而华为的芯片规划与制造能力积累,则开始反向输入到移动通信的竞局中。

(3)全面拥抱 AI 带来的"自动驾驶网络"差异化。华为还有一个

---

① 时间截至 2019 年 2 月 27 日。

在 5G 上的独门秘籍，是不断升级的 AI+5G 网络解决方案，也就是华为提出的"自动驾驶网络"。通过在 5G 网络中填加机器学习机制，运营商可以实现网络性能的二次挖掘、主动关闭空余设备的"零比特、零瓦特"节能计划，以及通过机器学习进行故障检测与主动维修的自动驾驶运维方案。将 AI 全面带入 5G 网络，是一个解决运营商核心问题的探索思路。基于华为的芯片、框架、算法，再到大量内部 AI 实践基础上的全栈 AI 能力，扮演了这个 5G 领先功能的支撑。

（4）极简工程解决方案。华为的 5G 体系中最让运营商挪不开眼神的，大概就是看上去只是个白色盒子的 5G 基站。采用统一模块化设计等技术的华为刀片式基站，不仅能够将所有单元刀片化，实现不同模块间任意拼装，还将基站尺寸缩小了 55%、重量减少了 23%。换言之，目前的运营商将不用大费周章地拆旧、选址、重新规划安装方案、付出大量的安装成本，就可以轻松完成 5G 基站换代。

由此可见的是，华为的 5G 能力差异化建立在通信、半导体、智能技术、工程能力。四大不同端点孕育而成的技术综合体，最终完成了整体差异化。这四个端点协同支撑了华为的 5G 优势，四根塔柱相互支撑，优势相互叠加，其中有大量技术保持行业领先，或者具备行业首创与唯一性。这样运营商最终得到了全面优于行业的交付方案——英国电信首席架构师认为华为 5G 领先 18 个月；沃达丰 CEO 指出缺失华为，欧洲 5G 将延迟两年，在技术逻辑上就是这么算出来的。

有位德国的通信记者说了一句让我印象深刻的话："华为不是战胜了对手，而是帮助那些可能已经运营了几十年的运营商战胜了自己。"

让我们再刨根问底一下：在华为 5G 体系的更深处，在四根塔柱之下又是什么？事实上，在支撑起 5G 领先的核心技术之下，其实蕴藏着海量学术研究、技术研发、工程化的相关工作。在塔柱之下，这些细节的工作、沉默的人，才是整个华为5G建筑最有力量的部分。

我采访过一位专注于热处理领域的华为专家，他告诉我，为了能够解决5G基站中的芯片散热问题，他们尝试了大量新材料方案。从2012实验室的储备，到产品线的研发，再到走进工程化阶段，最终一个液冷方案背后，普遍有三位数的方案被淘汰。而为了解决一些关于热的关键问题，他们在东欧、日本等地区建立了全球范围内的研发体系，用热学最新的解决方案，来为5G基站保驾护航。最终的结果，是华为5G基站的整体材料和大量散热细节都具有专利。一个不用装单独空调系统的自散热基站，不仅帮运营商节省了大量电费，还在安装上省去了巨大成本。

还有一个故事，来自华为的AI语音专家。他们很早就发现，运营商普遍想要做智能客服。然而这里有个痛点在于，运营商做AI语音，需要先向算法供应商购买技术，再寻找集成商做业务集成，最后再自己完成流程融入。整个过程不仅成本巨大，还面临很多不兼容的风险。而华为天生就懂得运营商的业务流程和业务需求，于是组织了工程师直接将语义理解、知识图谱等技术封装到了智能客服中，构成了华为"运营商业务+AI"中独特的一环。

见过了更多的华为技术专家和工程师，会惊讶于他们的"专"和"广"。"专"的地方在于，往往一个人一个团队，只追寻一个技术细节的极致化；"广"的地方在于，华为体系下隐藏着无数根本想不到的技术方向。人们常常会惊讶：华为连这个都研究？一位存储系统的专家跟我说，华为的技术研发体系就像座冰山，大家看到的只是露出来的部分。冰山之下，不仅是通信、ICT技术的追逐，还有对前沿科技的投资，对材料学、数学、物理等基础科学的广泛探索。

在"为什么是华为"的问题之下，我们能够发现华为的差异化来自对基础科学的重视，来自对海量技术的密集研发投入，来自业务体系与研发体系的技术突破，以及不同技术路线、不同学科解决方案在应对同一问题时的准确交叉。此外，还必须关注在工程化与服务能力上，华为保持的水准优势。这种模式下的华为，有点像在做一个建筑师的工作——从无数砖石开始，搭建结构，凝成龙骨，聚成穹顶，变成一种韵律，变成建筑史上新的篇章。

3. 从 5G 到万物，华为提供什么？

让我们再对 5G 多问一个问题：5G 究竟有什么用？那句著名的"5G 改变社会"将如何实现？

对 5G 来说，华为显然投入了足够多的重视和资源。例如在 4G 网络刚刚商用的时候，华为就开始了 5G 研发，累计投入的研发资金超过 40 亿美元。技术研发投入覆盖了材料、芯片、算法等基础领域，最终贡献了行业内超过五分之一的 5G 技术专利。

5G 投入的时间早、力度大与产业层次广泛，最终让华为确定了行业内的领先周期，并且还成为全球唯一一家从终端到网络设备，能提供端到端 5G 解决方案的通信企业。而在 5G 商用纪元开始时，华为却将目光集中于下一个问题：5G 如何应用，如何在千行百业中创造价值？

这个问题的前提是 5G 是否能够满足大量行业的普遍需求？我们说 5G 不仅是"4G+1G"，这个判断从何而来？从以下几个维度，我们可以提炼出 5G 对各行业来说意味着怎样的工具革新：

（1）从多个维度提高了各行业对网络的利用空间。5G 特性有很多，包括大带宽、低迟延、低功耗等。不同维度的网络提升，意味着行业对网络应用的灵活度在多个角度进行了提高，这样网络将变成定制化的，而非单向度的。例如远程手术要求精准的低迟延，智能园区中的 IoT 设备要求低功耗，工业流水线的 AI 应用要求瞬间的庞大数据吞吐……5G 就像一场自助餐，可以根据行业需求制定网络方案，让产业核心生产的网络化、智能化成为可能。

（2）突破了应用的临界值。对于一类行业应用，网速就是核心限制，例如高清直播、VR 直播等体验，旧有网络环境直接给行业想象画上了休止符。5G 环境的实现，让这类应用完成了突破。

（3）与其他技术构成产业骨架。5G 的到来，并不是一个孤立事件。今天云计算、人工智能、IoT 等技术也在形成突破。复杂的智能技术，对网络环境有着苛刻要求，恰好能够完成与 5G 的合作搭建。例如在矿山中的无人驾驶矿车，由于环境所限，这类地区过去网络环境不佳，很难满足无人驾驶网络的需求。而当 5G 遇上无人驾驶，中国大量矿山的运输问题突然出现了新的解法。

可以说，5G 走入行业，与今天中国广泛存在的经济转型需求，以及智能技术体系的到来，是不可分割的供需关系。几大因素恰逢其时，勾勒出了完整的行业 5G 需求面貌。而 5G 发展的下一个基础问题，是在网络建设过程中必须拥有足够多的业务场景牵引，如果缺乏新业务场景、新市场提供的动力，运营商和产业链很难积极发展网络环境、投入网络体系的建设。因此行业 5G 应用和 5G 网络只能同时发展，保证运营商获得利润，才能最终实现生态互惠。必须考虑到的是，运营商在 5G 时代将面临与过去完全不同的商业模式，为产业和企业提供定制化网络服务，这个全新的机遇正在打开。但是产业侧到底如何运用 5G，则在大多数场景中还是空白。因此必须有人牵动产业生态向前发展，引导千行万业走入 5G，最终才能形成 5G 行业应用的蓬勃发展。

于是下一个问题在于引入 5G 应用时，行业目前还有哪些基本需求？其中至少有三个答案是肯定的：

（1）切片网络服务。5G 时代，各行业、企业对网络的要求将呈现定制化的特点。可能会依照时延、带宽、可靠性等条件,将网络划分成复杂的具体场景。这就要求运营商和产业链具备灵活的切片网络能力。这也是目前华为与运营商、合作伙伴努力推进的方向。

(2)技术聚合。如上所述,5G 的行业需求往往不会单独出现,大概率将与云、人工智能、IoT 等技术进行结合,呈现一体化解决方案。那么产业侧需要的,显然是经过技术聚合的完整解决方案和供应体系。

(3)跨行业验证与产业链平台。行业如何应用 5G,5G 到底将激发怎样的价值,这些问题在今天都还是有待验证的,那么也就需要能够提供案例验证与跨行业交流的平台。

面对这些问题,华为已经开启了下一阶段的 5G 业务场景探索。目前,华为已经在智慧电网、矿山运输、高清直播等多个领域打造了 5G 与行业结合的案例。作为 5G 技术与解决方案在业界积累最广泛的企业,华为在多个领域启动了面向社会的开放计划。例如基于在 2016 年成立的 X Labs 平台,华为正在与运营商及行业伙伴一起孵化 5G 新应用。而面向区域产业合作,华为在韩国开放了 5G Open Lab,打造了全球首个 5G 开放实验室。这些仅仅是个开始,但是已经描绘出华为将 5G 面向行业打开时的开放策略与平台化举措。此外,华为在 5G 领域也坚持生态合作模式。例如积极与其他终端芯片厂商对接,提供 5G 网络测试,帮助行业生态降低认知成本,提高研发效率。并且积极推动跨行业、跨产业的合作,为 5G 打造更多行业应用场景。

这些产业合作项目,加上华为本身的技术布局,恰好可以对应行业 5G 的直观需求:切片网络需要华为的技术优势与产业合作模式;技术聚合需要产业生态的平台对话,需要华为在多种技术上的广泛布局；而跨行业、跨产业的开放平台，也是华为推动 5G 场景合作的重点。5G 不是 4G+1G，但 5G 还是工具。千行万业虽然看似是千万扇门，但其实是千万个维系在数字化经济中的利益共同体，所有行业都追求新的工具、更好的生产效率、更紧密的商业合作生态。从这个层面看 5G 与各行业的结合关系，华为能找到的行动路径还非常丰富。

另外，人工智能代表的新一代数字化技术与 5G 的融入，也构成了华为探索 5G 的一条独特路径。在现实的 5G 需求中，往往会出现一个场景需要众多技术合力解决的现象。例如刚才我们提到的矿山，听上去离信息技术很远。但今天，矿山需要无人驾驶的运矿车，需要无人机与智能摄像头结合的质检体系，接下来可能还会需要采矿机器人、矿脉与矿石分析的智能系统。这样算下来，矿山需要多少种技术呢？5G 的网络环境是大前提；云服务是架设智能质检、无人运输体系的算力基础；人工智能是所有这些应用实现的技术手段；IoT 能够变成采矿机器人、安全机器人；矿山需要的分析技术与 AI 训练需要大数据的支撑……

这样的现象不仅发生在一座矿山，还发生在千千万万世界各地的企业、政府机构、公共服务机构中：产业用户需要的不是某个技术，而是众多技术的组合排列与定制。

这是今天发生在 5G 更远处、人工智能更远处的变化实质。或许未来我们将不再区分计算侧、网络侧、存储侧与应用侧的技术种类，而是将 5G、人工智能、云以及更多，组合称为"数字土壤"。而无论是 5G、云计算还是人工智能，这些今天各自发展的技术，都在华为的布局范畴之内。在网络与手机这两件事上，我们已经见证了华为的合围。通过发展网络侧技术与终端芯片、终端产品，华为成了今天唯一提供端到端 5G 解决方案的厂商。那么更远的将来，华为是否有可能成为第一家"数字土壤"的供应商呢？

任正非说："华为公司未来要拖着这个世界往前走，自己创造标准，只要能做成世界最先进，那我们就是标准，别人都会向我们靠拢。"那么，既然 5G 会有很多种可能，为什么其中不能孕育一种"华为可能"？一种华为通过 5G 走向数字土壤的可能。呱呱坠地的 5G，对于这个大时代来说也许是"万物+5G"，也可能是"5G+万物"。而也许在华为看来，5G 是万物 n 次方运算的一个开始。

4. 斑斓时代，天地寻光

如今，5G 可谓家喻户晓。5G 网络的价值、意义和主要厂商，已经是街头巷尾闲谈时必不可少的话题。然而我们会思考这样一个问题：虽然 5G 很好，但是不能所有的网络联接都靠无线通信来解决。例如家里的计算机、电视还是要接入固定网络。难道未来，手机的网速要远远快过家里的光纤吗？

这其实是个非常有价值的问题。在网络全面驶入代次更迭的今天，5G 不可能一枝独秀。如果说 5G 是右手，那么全光网络就是左手，只有双手合围，通信产业才能给予万物互联的未来世界，一个坚实的拥抱。

相比较来说，虽然光纤概念也早就家喻户晓，但论热度光网络似乎完全无法与 5G 抗衡。这背后隐藏着产业、技术与业务周期的种种原因。华为在 5G 网络时代所做的另一件事，是打破光网络的沉默。2019 年 7 月，华为发布了智简全光网战略。这里一个独特之处是，华为发布新产品、新技术大家习以为常，但华为却很少提到"新战略"这样的宏观概念。在光网络上的"意外"与"破例"，彰显了华为对智能时代网络产业的某种思考。

在解释华为的光网络新战略前，让我们先回到问题的原点，看看这门技术在今天处在怎样的背景下，为什么需要一场从战略到战术的全面洗礼。我们通常所说的"光网络"，是指使用光纤作为主要传输介质的广域网、城域网或局域网。早在 19 世纪，现代物理学已经证明了光能够有效地传递复杂信息。此后，人类开始不断探索这一物理学发现在通信中的应用。1966 年，华裔物理学家高琨发表了名为《光频率的介质纤维表面波导》的论文，从理论上证明了用高纯度石英玻璃纤维作为传输媒介实现长距离、大容量通信的可能性。这也就是今天家喻户晓的光纤。此后，贝尔实验室于1976年在亚特兰大开通了世界第一条光纤通信试验线路。1992年，华裔光通信专家厉鼎毅在贝尔实验室，带领团队开发出了世界第一套光通信系统，确定了光网络在长距离、大容量通信领域的优势。

凭借这些特性，经过漫长的发展历程，光网络已经成为今天通信产业传输网所使用的主要技术。在运营商的网络系统中，光传送承担着网络世界高速公路的作用；而在接入端，中国目前已经是世界上光纤入户发展最好的国家之一，无数中国家庭享受着光网络带来的便利。

而当光网络驶入新的历史周期，新的产业挑战也应运而生。其中最大的问题在于，光网络应用市场正在经历大规模且形式复杂的需求爆发。例如，在5G到来之际，光网络其实是5G时代的一位幕后英雄。运营商的全光传输网是保障5G网络大带宽、低时延的基础网络设施。并且在室内场景中，5G很可能需要全光网和Wi-Fi 6技术进行更多固定网络方面的配合，以发挥最大的产业价值。而在新兴的企业市场领域，政企用户今天需要更强的网络解决方案，园区需要更简便、更智能的光网络接入，这些都让光网络的专线市场大量扩张，行业内需要更好的产品与解决方案来满足政企用户的新网络需求。另一方面，工业互联网和产业AI的进步，让更多企业中的生产设备需要联网。而大量工业IoT设备都是不可移动的，这部分市场倾向选择具有更高稳定性、连续性、低成本特质的新一代光网络解决方案。

而对于家庭用户来说，光网络技术代表的固定网络升级，意味着家庭 Wi-Fi 等端口将迎来质的进化。远程教育、远程医疗、VR 与云游戏等市场，正在让家庭光网络终端徐徐打开。

这样看来，在 AI、云计算、无线通信技术进入快车道之后，光网络作为必要的 ICT 产业支撑点，也必须完成广泛的产业升级，以应对分布在传送网、数据中心、政企专线、家庭、工业领域的复杂需求。

然而某种程度上来说，整个光网络产业的发展在今天呈现出了分散性与滞后性。面对逐渐浮现出的市场新需求，光网络本身必须走入高速发展的正向产业周期。面对这样的发展机遇和产业现状，华为的最终选择是，推动和打造一个全面升级的光时代。

面对大规模爆发的光网络新需求，产业端最终会得到怎样的发展机遇呢？华为判断，在未来 5 年，光产业将从今天的 300 亿美元市场规模，扩大一倍达到 600 亿美元。对经历过曲折发展的光网络产业来说，这一目标显然振奋人心，但也需要经历剧烈的自我升级和产业革新，才能真正抵达规模倍增的时代性机遇。从产业目标逆向回溯，既然这个时代需要更加色彩斑斓的光去照亮万物，满足复杂多元的市场需求，那么就应该正面提出应对这一趋势的战略和愿景。为了重新激活光产业活力，加速发展全光网技术，华为公布了"通过打造智能、极简、超宽、无处不在的下一代全光网络，为每个人、每个家庭、每个组织带来极致的业务体验"的智简全光网新战略。

基于该战略，未来 5 年华为将携手上下游产业链重新定义光产业，使运营商价值增长，加速企业的数字化转型。而将战略拆解成赛道，华为明确了在全光网时代，将面向全光传送、全光接入、全光数据中心、全光园区四大场景，聚集光传送、光接入、光终端三大系列产品的持续性创新，以引领全球光产业的发展。从战略落地的层面来看，这四个场景就是四场具体的产业变革,构筑了行业升级的横向赛道,明确了纵向产品与技术突破的起点。在四条场景赛道里,华为也明确了自身的突破点与产品解决方案:

(1)全光传送2.0。在光传送领域,华为将通过新速率、新站点、新运维三个维度的创新,构建端到端的全光传送网。基于单纤80波的超长距200G技术,实现单比特成本下降50%;引入光电一体化集成技术,实现单站点TCO下降70%;基于网络云化引擎实现网络全生命周期管理,运营成本降低30%,从而使运营商迈入光网络2.0时代,为整体通信网络铸造坚实基础。

(2)全光接入。面向全光网走入家庭市场、行业市场的新趋势,华为提出了新蓝海、新能力、新体验三大价值主张,打造海量带宽、全光联接、极致体验的第五代固定网络F5G,推动光网络走入每一个房间、每一个桌面、每一台设备。

(3)全光数据中心。面向云计算时代日益增长的数据中心网络需求,华为提出了重构数据中心互联和数据中心网络。在这一领域中采用光电混合交换,智能分流,提升服务器资源利用率50%～100%。

(4)全光园区。园区网络这个冉冉升起的新市场需求中,华为以光纤重构传统园区网络,提出1根光纤承载所有业务的解决方案架构,节省80%的机房空间;一次建网即可满足未来的平滑升级,简化运维,为园区智能化建设提供可靠、可信赖的网络支撑方案。

换个角度思考,我们可以发现这一战略事实上包含了四个对光产业发展趋势的判断:

(1)光产业需要产品整合与技术协同。在此之前,光网络一般被分化成传送网、接入网两个部分,战略统一和产业协同不足。华为的智简全光网战略，突破性地将光产业涉及的各条技术、产业线索整合了起来，进行集成创新与统一发展。以此引导行业方向，构筑统一的光产业前进路径。

（2）新技术趋势融合使能光产业。在华为的智简全光网战略中，我们可以看到多种技术趋势的判断和观察，被融入了经常被认为相对来说独立的光产业。例如以 AI 技术驱动光产业发展，降低运维成本，提高运维效率；又例如智能园区、智能数据中心等场景的锁定，直接与企业全云化趋势紧密结合。至此，光网络与 ICT 新兴技术发展联系更加紧密，全面融入技术洪流之中。

（3）光产业全面应对新市场、新需求。在华为的战略中，可以看到光产业的边界基于传送网、接入网、光终端在不断延展，从而满足广泛增长的家庭、企业、IoT 需求。更大的市场、更广泛的需求供给链，意味着产业新的机遇与上升空间，这一点是光网络持续发展的先决条件。

（4）建立联动的新产业生态，上下游携手创新。明确的愿景、市场目标和赛道，事实上展现出华为为光网络行业分析产业前景、判断产需关系的意图。接下来，华为将引领行业，携手产业上下游一起创新，满足不同领域中广泛存在的光网络市场增值空间和生态建设需求。

基于智简全光网战略"一个整合，三个创新"的产业判断，华为希望启动建造一个联接万物的光时代。而在 5G 和人工智能领域多重布局的华为，同时也要推动全光网产业变革背后的逻辑在于，在 ICT 领域光网络是一门相当特殊的产业。它历史久远且处在产业基础层，但又具备明显的产业潜力和不可替代性。有人说光网络已经长时间缺乏创新，也有人认为这个领域随时充斥着变化。之所以会出现这样的景象，是由于一道日渐显现于光网络产业基础与未来需求间的数字鸿沟。全球光产业的发展格局，整体处在近处太暗、远处过亮的形式里。

所谓近处太暗，是指光产业在一段时间里处在平缓发展期，技术突破速率与其他 ICT 领域相比相对滞后，运营商建设成本压力较大，并且光网络长期缺乏行业统一标准，话语权分散。无线网络的 5G 时代众所皆知，但光网络的代际差别则缺乏明确定义。由于相对分散的产业结构，以及并不特别迅猛的产业发展速度，光网络的产业供给无法满足新兴需求。甚至有声音认为，在广泛发展的"网络 - 计算 - 智能"化结构中，光网络已经成了一个短板。

而向未来看，却会发现光网络并非没有前景，只是前景需要似乎总是距离产业实际有点遥远。也就是所谓"远处太亮，看不清楚"。新兴技术呈现协同效应，例如 5G 需要与光网络、Wi-Fi 6 在多个领域的协同配合，云和 AI、IoT 也展现出对光网络升级的需求。这些技术交叉领域，是光产业并不熟悉的。另一方面，虽然光产业对中国市场非常熟稔，但随着中国光纤入户速度放缓，欧洲、拉美开始成为光接入产业的发展重点，这些海外市场的光网络需求，对于中国产业链来说也是新的挑战。此外，政企市场、家庭市场、工业 IoT 市场带来的新兴产业需求，尤其是政企数字化转型、智能化升级市场带来的广泛需求，也在带给光产业发展机遇的同时，释放了大量的挑战。这些领域需要完善、周全的产业生态来进行配合，需要多种层次解决方案的结合，在传统光网络产业中，这些都是空白因素。

所以，从业务需求和技术发展的逻辑上看，今天光产业需要有领军者，在产业现状和未来市场间搭建有效的前进通道，打通从今天到未来的"光之桥",促进上下游协同创新与调整,最终完成对光产业鸿沟的跨越。

而这个责任必须落在华为的肩头。从市场地位来看,华为早在十多年前,就在光产业完成了全球市场领先。目前,华为在全球光接入市场份额达到37%,在光产业多个领域都处在一骑绝尘的态势里。从另一方面来看,华为在光网络上的投入和战略期待,并不会因为市场领先而降低。光网络是目前人类所知技术中,固定网络传输中最好的解决方案,将长时间具备不可替代性。探索ICT珠峰的华为,必须长时间探索光网络的技术和产业边缘,催化光技术与泛ICT技术的融合与交叉创新。光产业的持续技术突破和市场挖掘,是华为的战略诉求,也是世界通信产业的基本诉求,这一点在可见的未来不会更改。这个诉求与愿景,需要领军者贡献产业思考和技术产品创新、全产业链的协同与标准化制定、全球范围内的市场支持与社会关注。最终,光才能汹涌向前照亮万物。

实际上,在5G和全光网之外,华为还在Wi-Fi 6等众多网络技术上引领着突破。而在这些网络技术突破中,毫无例外都出现了智能化的因子,构成了人工智能产业落地的必要支撑。网络技术与人工智能相辅相成,互为表里。交叉于网络和计算、软件和硬件,在不同技术之间来理解人工智能,本质上是一个绝佳的时代机遇。

第 7 章
从 IT，到云与智能的底座

2020 年 1 月，华为调整内部组织架构。这次调整中最为外界瞩目的地方在于，华为将云与计算升级为 BG。至此，华为拥有了第四大 BG，而回顾华为的升级历史，会发现每个新 BG 的诞生都是华为的巨大跨越，同时也同频于时代的变革。

例如企业业务 BG 的成立，意味着华为从通信领域跨越至 IT 领域，成了全球独特的 ICT 融合性技术公司；消费者业务 BG 的成立，让华为成了全球第二大手机品牌，完整介入了全球移动互联网产业的崛起，让广大消费者了解到华为。云与计算 BG 的成立，显然也是一场新变革的开始。

从华为云与计算体系的构成来看，它下辖华为云、华为智能计算两大业务板块，同时承载华为在数据、安防、企业协作领域的布局。这些业务可以说都处在人工智能引发的产业变革前沿。事实上，近两年来百度、阿里、腾讯等互联网科技公司，纷纷将云与人工智能提升到更高的战略架构，形成独立一级部门。国家和社会对云计算、人工智能、大数据技术结合带来的价值也愈发重视。2020 年初，"新基建"

战略进入了公众视野，其中云计算、人工智能、大数据等新一代数字技术占据了主要位置。在这场从社会到产业界共同认识到的技术聚合变局中，华为的"参赛选手"就是云与计算BG。另一方面，在华为经历美国"实体清单"事件后，面临着英特尔x86计算体系断供的可能。这种情况下，华为执行了一场远征般的自救行动，即围绕以ARM架构为基础的鲲鹏920芯片，构筑自己的鲲鹏生态。这场行动的执行主体也是云与计算BG。基于此，华为在2019年首次发布了计算产业战略，将人工智能计算与通用计算融合，形成了"一云两翼双引擎"的产业架构。

可以说，全球科技局势的交错、多样性计算的崛起、云计算产业的纷纭、人工智能带来的变革，种种挑战和责任集中在了这个刚刚诞生的华为第四大BG中。相信不久之后，这场关于计算和人工智能的变革，就将蔓延到每个人的工作与生活中来。

1. 一云两翼双引擎：华为计算的悠悠长卷

2019年9月，华为在全联界大会中发布了对计算产业的理解与战略，宣布全面进军计算产业。华为云与计算BG总裁侯金龙对外公布，华为计算产业已经构建了"一云两翼双引擎"的产业体系，并将以此为基础向前发展。此外，华为将在计算生态领域，执行硬件开放、软件开源的策略，并同时宣布开源服务器操作系统数据库，开放鲲鹏主板。

想要理解华为计算战略，以及升级云与计算BG的思考，可能必须通过理解"一云两翼双引擎"的产业画像，加上"硬件开放、软件开源、使能开发者"所激发出的生态价值，组合成一幅华为计算的全景长卷。

进入现代计算时代以来，计算产业曾经历过20年风起云涌的变化。从1959年晶体管技术开始走向商用，到1965年第三代商用计算机使用集成电路，再到20世纪70年代大规模集成化计算开始出现，摩尔定律定义芯片的集成度每18个月增长一倍。在这期间，伴随半导体解决方案快速演进的，是整个计算的架构、能力以及产业关系的飞速变化。伟大的科技公司开始推动人类发展，为计算机和互联网改变人类生活做着铺垫。这被称为计算史上的"第一次英雄时代"。

然而进入20世纪90年代后，CPU模式的定格带来了计算产业的稳定推进，虽然算力被不断放大，但架构却进入了长时间平稳期。到了今天，摩尔定律开始不断放缓，甚至被频频断言逼近极限。而北美算力巨头的创新幅度也越来越慢。随之兴起的，是对 AI 的需求以及端边云计算体系的重构。

回望计算历史上的第一次英雄时代，可以发现有几件事与今天是相同的：旧有计算形式不断进入增速放缓、新计算需求出现、一系列新技术有助于打破算力架构与系统瓶颈。

从这个角度看，今天我们虽然来到了摩尔定律的衰老期，却可能正在迎来变化和创生为主调的现代计算史"第二次英雄时代"。所谓英雄时代，是新玩家登场、新秩序建立、新能力普及的时代。如今产业正在呼唤加速变化和新势力崛起，期待新的计算体系代替旧常识。具体到计算世界内部，我们可以看到这种呼唤正在以产业变革的形态呈现出来：

（1）产业与生活中的计算随时都在，数据中心开始转变为计算中心，计算成了 ICT 世界的主要运行方式。

（2）计算开始大量发生边端侧，世界的细节里需要填满算力，并且端边云协同的新计算模式日趋重要。

（3）智能计算逐渐占据主流需求，随着智能深入产业，异构计算开始成为计算产业的核心需求。

（4）计算架构突破的时机已经到来，摩尔定律的放缓，在客观上加速着市场空间对架构革新的认可和期待。

今天是计算的历史转折点，通用智能融合、新架构以及端边云一体化、计算深入业务三大突变同时来到计算世界。这样的背景下，十多年致力于计算产业的华为，发现了新的机会和目标。今天的华为计算体系，其实是在变化中诞生、成长和实现突破的。

这样的时代背景,以及华为长期坚持的 ICT 技术探索,开始勾勒出华为计算体系的轮廓:从 2004 年开始投资研发第一颗嵌入式处理芯片,历经 15 余年,投入超过 2 万名工程师……这些可以看作华为计算的笔墨。而最终完成的就是"一云两翼双引擎"的计算产业布局。为了方便记忆,大家不妨就把这个布局想象成一只飞鸟。

双引擎,是指鲲鹏和昇腾两大基础芯片族。其中鲲鹏代表通用计算,昇腾代表 AI 加速能力。我们不妨将之视为双翼中的骨骼。骨骼越结实,华为的计算产业才越稳健。鲲鹏不断演化,带来了系列产品,完成了生态与市场构建;昇腾 310 和 910 的陆续面世,打造了 Atlas 系列产品,激活了华为云的 AI 能力,并赋能到华为各个产业线,这代表着这只飞鸟的骨骼越长越长,扇动风云的力量也随之增长。

两翼,是指华为的智能计算业务、智能数据与存储业务。智能时代的智能和存储,是产业应用 AI 的基础,也是未来计算发生的核心周期。目前,在智能计算领域,华为已经面向端边云场景,打造了"鲲鹏+昇腾"+x86+GPU 的多样性算力,此次华为还发布了全球最快的 AI 训练集群 Atlas 900、AI 推理和训练卡 Atlas 300 和 AI 训练服务器 Atlas 800。而在智能数据与存储领域,华为则融合了存储、大数据、数据库、AI 能力,围绕数据的全生命周期给出了技术和产品支撑。

一云,是指华为云,它可以想象成鸟的身体,是这只鸟接触大地的地方。通过全栈创新提供安全可靠的混合云服务,华为云已经打造了相对完整的云服务体系,并且在普惠 AI 领域进行了长足探索。

想象了这只飞鸟的形态后,我们会发现这只飞鸟是动态的。我们可以把鲲鹏与昇腾的各自生态生长,当作翅膀骨骼的伸展;异构计算的交汇以及华为云的融合，带来了华为智能计算与智能数据和存储的羽翼重叠。这样的动作组合下，"鲲鹏+昇腾"会长期演进，华为将执行每年推出一代的快节奏，同时确保后向兼容，使得"鲲鹏+昇腾"的生态始终保持生长——这可以看作华为计算这只飞鸟不断加快的振翅频率。

在采访中，侯金龙着重强调"一枝独秀不是春，百花开放春满园"。面对革新计算产业的漫长行程，从华为到中国，甚至整个世界，都在期待计算生态的多样性繁荣。为此，华为选择执行坚定的生态合作战略，浓墨重彩地赋能进入鲲鹏和昇腾生态的合作伙伴。于是有了华为计算的三大战略行动：

（1）硬件开放。我们知道，计算产业是高净值相对封闭的产业关系，硬件背后的技术堆叠是受益的主要来源。但华为却选择在计算产业干了一件大事，将计算硬件开放出来。未来华为会提供主板、SSD、网卡、RAID卡、Atlas模组和板卡的开放，并且优先支持合作伙伴发展自己品牌的服务器和计算机等计算产品。甚至条件成熟时，华为可以停止TaiShan服务器的销售业务。

华为鲲鹏主板就是首先开放的关键硬件。华为将开放主板接口规范和设备管理规范，提供整机参考设计指南，全面向伙伴开放华为的技术积累和实践经验。

（2）软件开源。智能时代，计算相关的软件具有广袤的发展空间，有希望在产业智能化过程中形成空前庞大的市场规模。而对于大部分开发者来说，缺乏基础软件开源，是难以品尝这份红利的主要原因。基于此，华为选择开源操作系统、开源数据库、开源AI计算框架，从而使伙伴发展自己的品牌产品。2019年全联接大会上，华为首先宣布开源了服务器操作系统和 GaussDB OLTP 单机版数据库，开源版本操作系统 openEuler 和开源版本数据库 openGauss，这些软件能力组成了完整的全栈鲲鹏架构，让鲲鹏生态有了繁荣的先决条件。

（3）使能开发者。智能计算的未来，开发者繁荣是重中之重。面对庞大的开发者需求，华为提出将在未来 5 年培养 500 万开发者，通过行业应用聚合、区域产业整合、联盟标准孵化、产学研一体化培养、开发者社区建设等手段，搭配重磅的资金投入，真正打造"鲲鹏+昇腾"的开发者黑土地。

如果我们把华为计算这幅画，放在第二次英雄时代的大背景下，会发现一些独特的产业韵味。时代需要无处不在、云边端协同的异构计算，而华为计算图上的第一个特点就是全面。

华为是目前业界唯一同时拥有计算架构中 CPU、NPU、存储控制、网络互连、智能管理 5 大关键芯片的厂商，这是华为执行云边端协同战略，发展异构计算的天然良港。而产业链、软硬件基础和能力、计算场景的全面，以及技术路径的丰富多样，构成了华为理解和推动计算广泛化、融合化的优势，让华为成为距离智能时代计算底座最近的公司。

时代需要 AI 推动产业革命，而华为计算图的第二个特点是智能。以昇腾系列芯片、达芬奇架构为底座，华为构建了全栈全场景 AI 体系，实现了满足计算市场核心需求的目标。并且华为还以智能化的数据和存储技术与产品作为支撑，Atlas 系列产品和基于华为云的智能算力进行产业释放，达成了结构完整的产业体系。这条完整的智能脉络，让华为智能图有了区别于 CPU 时代所有计算企业画像的神来一笔。

时代需要建立新的生态开放秩序,而华为计算图的第三个特点是生态友好。通过硬件开放、软件开源,可以看出华为决意执行最大力度让利给生态合作伙伴的策略,并为生态伙伴建立完整的生态利益关系。同时大力支持开发者,建立了相对封闭的计算产业历史上,前所未有的生态友好机制。

侯金龙判断,摩尔定律放缓,大家确实都来到了悬崖边。但同时他认为,这意味着我们正在进入计算架构创新的黄金时代。悬崖边是即将跌落的危险地带,也是飞翔的最佳舞台。

2. GaussDB：智能时代的数据变局

人工智能的万丈高楼，正在拔地而起。但是显然，这座高楼不可能突然从地基变成一百层。在 2019 年，我们更多看到的是产业智能化基础设施的演进、大量开发者的涌入，以及行业 AI 应用的渗透。在这一过程中，有一条赛道可能并不明显，却与产业智能化发展进程息息相关，那就是数据。

我们都知道，算法、算力、数据是 AI 三要素。算法的进化是 AI 产学各界的主要关注点，代表算力的 AI 芯片如今也成了社会各界共同观注的焦点。而作为"三巨头"之一的数据与数据服务基础设施，似乎相对有些沉默。

事实上，面向智能纪元与技术融合时代的数据开发环境，同样发生着一场巨大变局。对于人工智能开发者来说，很多难以克服的数据问题如今都找到了解决方案。在其中，华为贡献了一个关键能力，就是 GaussDB。

AI 技术在产业应用中走向成熟，需要体系严密、具有清晰逻辑关联性的产业支撑。也就是说，想要在智能时代最大限度释放开发者的潜能，让智能走入千行万业，与大量新技术融合产生"智能溢出"效应，是一个典型的木桶理论——所有 IT 基础设施与开发工具必须适配新阶段的智能开发需求。这个逻辑下，数据库为代表的数据基础设施，也就必须跟上智能的节奏，扛住时代的压力。之所以这样说，是因为智能时代的开发者，会清晰地感受到来自不同领域的明显数据压力。这些问题只能交给数据集成设施来拆解，否则就会成为整个智能开发体系的明显短板。例如，智能时代有这样几个典型的"数据压力"：

（1）数据潮：人工智能、5G、IoT、移动互联网，所有这些新技术的驱动，都意味着空前的数据井喷，对现有数据库的容量、存储与调用效率、运维管理能力提出新的挑战。数据如洪水般涌来，是开发者眼中最显著的时代挑战。

（2）业务复杂性无限延伸：智能时代，意味着云边端多场景都将出现复杂的业务部署与数据调用需求，这给数据库带来了分布式架构的挑战，也对故障检测维修、运维等课题带来了新的挑战。

（3）强烈的异构计算需求：多技术融合是今天开发者的另一个重点工作，传统企业业务不断与云原生、AI 计算等新趋势融合到一起。

或许可以这样理解，能够解决这三大挑战的数据基础设施产品，是智能开发时代必不可少的基石，也是数据产业走向下一阶段的必经之路。而在开发者的立场上，最关注的显然是走向 AI 纪元的数据库产品何时能够诞生，是否能真实支撑起现实产业场景里的开发需求。

这样的背景下，2019 年 5 月华为发布了 GaussDB 数据库。GaussDB 之所以重要，原因其一在于在数据库中运用 AI 技术，来解决传统数据库无法处理的诸多问题；其二在于面向 AI 开发和 AI 应用，提供更领先、具备针对性的数据库支撑作用。在面向产业智能化应用与开发过程里，GaussDB 通过异构计算创新框架，实现了 x86、鲲鹏、GPU、NPU 多种算力优势的结合，在 TPC-DS 测试集中，性能表现较业界提升了 50%。作为全球首款既支持 x86 架构，又支持华为鲲鹏架构的数据库产品，GaussDB 具备一系列性能表现领先性，如支持单机、分布式和主备三种主流部署模式，可以满足企业核心应用的诉求，高性能表现可以达到单机部署实测百万级 tmpC，分布式达到千万级 tpmC。此外，GaussDB 支持本地部署、私有云、公有云等多种场景，能为各行业提供数据库进化的关键支撑。GaussDB 携带的产业进化特性，可以看作是这一年中数据基础设施变革的风向标。自此开始，数据产业的生态迭代开始步步推进。

在开发者的真实视野中，单一产品显然不可能满足所有开发需求与行业场景。想要让数据库真实发挥价值，就需要整个应用生态的配合发展。这个层面，我们可以看到 GaussDB 快速完成了一系列生态合作探索。在华为"鲲鹏 + 昇腾"的计算战略布局下，GaussDB 成了重要的生态支点与产业协作通道。伴随着华为"鲲鹏 + 昇腾"双引擎正式全面启动，一系列拥抱生态开放的计算产品策略被提上了日程。其中，GaussDB OLTP 单机版数据库宣布开源，开源版本的数据库名称为 openGauss，可以覆盖企业 70% 以上的数据库业务场景，让开发者可以在最底层拥抱智能时代的数据基础设施。

在主动的软件开源之外，一系列产业生态合作构成了另一条 GaussDB 生态化的主线，其中的进展完成了 GaussDB 的产业应用矩阵，带动了 IT 服务市场上一系列新升级的发生。例如与用友、金蝶等著名企业 ERP 厂商的合作，为 GaussDB 走入真实的产业空间拓宽了道路。

在生态建设方面，GaussDB 还广泛赋能数据库人才培养。华为发起了高校金种子发展计划，提供 1.5 亿元的 GaussDB 创新研究启动基金，与高校展开 GaussDB 实训课程，成立十大 GaussDB 高校联合创新实验室，通过产学研一体化进程打造世界级数据库产品。在软件开源、产业生态合作与产学研一体化三条轨道上，GaussDB 都在短时间中构建了完善的产业生态进展。这对于开发者来说，意味着具备更多真实使用 GaussDB 的解决方案。而在容纳广度不断提升的基础上，GaussDB 还做了另一件事，就是快速完成了大型政企与数据高标准应用行业的合规认可，走向了深度应用的关键赛道。一直以来，数据库领域的核心争议点在于，对于金融行业等特殊行业，以及大型政企等特殊用户来说，他们对数据库的性能、安全、运维有具体入微的要求。这些场景也成了数据基础设施走向智能时代的第一座产业高地。某种程度上来说，特殊场景的数据产品滞后，会成为大型政企突破数据障碍，走向智能创新的关键问题。而解决之道，只能是数据库代表的数据基础设施突破层层考验，走向价值自我证明的极致。

GaussDB 自诞生以来，一个差异化特征是面向这些场景展开了不间断的自我挑战，完成合规测试，从而在大型政企、高数据要求行业、核心业务等领域解锁了自身技术支撑价值的独特性。这场数据库的高速奔跑，意味着开发者和应用者可以在各行业、各场景中，寻找到与 GaussDB 合作完成开发工作的完整契机。当智能命题汹涌而来，云、5G、IoT 组成新的技术融合机遇时，数据库不再是令人担忧的短板。显然，这是故事的开始，而非故事的结束。

3. OceanStor：智能存储中的搏水剑鱼

与数据库共同组成华为云与计算软件支撑体系的，还有面向智能时代的存储。2019 年 7 月，华为在数据洪流中"放出"了一条"剑鱼"——新一代智能存储 OceanStor Dorado V6，并且在行业中率先提出了"数据＋智能"的存储架构理念。

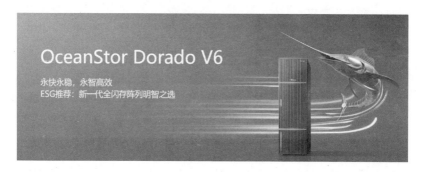

它的价值在于，可以帮助企业和开发者，穿越数据洪流中的"礁石"和"暗涌"。假设某企业身处保险金融类信息化程度相对完善的行业，面对数字化大潮他们积极拥抱，建立属于自己的数据存储架构。但在这个看似顺利的开始背后，企业很可能遇到种种问题。例如企业在经营中可能会产生各种类型的数据：结构化的、非结构化的、不同格式的、不同业务范围的。如果将这些数据分而治之，极有可能造成数据之间的割裂，加大调取难度，更因数据很难被融合利用，从而阻碍智能化的进程。

同时随着企业业务的不断扩张，数据累积越多，企业所面临的问题也就越多：数据量增大造成的访问缓慢，会让业务人员在调取、存储数据时耗费大量等待时间；扩大数据存储时，又要面临复杂的数据迁移；更不用提持续存在的庞大运维成本。最后如果企业本身没有智能化的能力，这些数据的价值也很难被彻底挖掘，可以说单一的存储功能，是一种对数据资源的浪费。当今中国正在进入蓬勃的数字经济时代，实体经济和数字经济融合发展，5G、IoT、自动驾驶以及4K/8K等新联接、新应用正在加速数据的生产和流动，急需升级和完善数据基础设施，释放数据价值。

而OceanStor Dorado V6这条剑鱼的价值在于，它面对存储进行了深刻的智能化升级，例如：

（1）云化全融合，将以往孤立在一块块机械磁盘、一个个数据中心的数据从更高层面打通。

在华为FusionData智能数据解决方案中，华为OceanStor存储、GaussDB数据库、FusionInsight大数据解决方案、ROMA数据接入工具和DAYU数据使能套件等共同作用，推动数据发挥出融合的力量。数据在存储时从单一类型走向多样化融合，让不同格式、类型的数据得以被协同处理，不仅打通了数据间的流动性，也能减少数据副本的存在，让企业减少对存储空间的浪费。而存储功能和数据库功能的垂直融合更是可以对数据进行存储、分析和计算的一站式处理，尽量减少硬件资源的浪费。

（2）通过智能技术对数据与存储环节中种种工作流程的学习，来提升运维效率。除了通过Cloud AI、Center AI和Device AI三个层面的AI能力互相配合以外，OceanStor Dorado V6还内置了昇腾AI芯片。建立在机器学习语义关联能力之上，系统可以学习不同类型应用的I/O需求，去提升读缓存命中率，降低批量任务中的时延。这不仅降低了运维成本，还能让存储越来越智慧、越来越好用。

（3）闪存普惠。相比 SSD 固态硬盘，也就是我们常常提到的闪存，机械硬盘更需要避免震动、更易损坏。但闪存的价格更高、存储容量也相对更小。很多时候出于成本性价比考虑，企业存储通常会选择机械硬盘+闪存的组合模式。华为提出的闪存普惠，是通过华为在闪存技术领域十余年的创新降低闪存购置成本，再通过智能技术和架构上的优化提升用户对闪存存储空间的利用率，最终提升闪存存储的性价比，让企业存储逐渐从机械时代步入全闪存时代。

也就是说 Dorado 这条剑鱼带来了这样的存储变革：通过对数据的融合处理，让数据灵活流通，让企业可以更有力地驾驭和把握数据洪流，满足企业不同发展周期的业务需要，并预留下未来与 AI、5G 等新技术的结合空间。再通过 AI 来降低运维成本，让企业不会因为扩大存储量而承担巨大的负担。通过安全、稳定和极致的性能，来帮助搏水者更好地在数据洪流中"冲浪"。OceanStor Dorado V6 的推出是华为走向数据基础设施顶层设计师的重要一步。现如今世界上各个产业均处在一个"存储需求动荡期"。随着未来 5G 等新技术的应用，自动驾驶、工业物联网等产业改造完成，绝大多数企业会面临着数据量激增的情况。加上 AI 对于产业的赋能效果越来越明显，企业都处于焦虑之中，谁能尽早应用 AI 挖掘数据价值，谁能以更低成本挖掘数据价值，都与未来发展息息相关。而在这一趋势中，华为对于存储的改造越来越明显——全生命周期、全流程、全智能。数字经济正在叩响时代之门，华为从顶层构建的一整套数据基础设施体系，是建立在对未来生产力发展的感知之上。

4. 从软件定义摄像机，到华为给安防产业带来的全息智能

众所周知，AI 落地第一站就是安防。近年来，"AI+ 安防"的产业结合已经深入到中国社会的方方面面。从公共区域到产业园区，摄像机背后的 AI 之眼无时无刻不在守卫着我们的生活。然而如果我们用发展的眼光看待智能与安防的相遇，或许会产生这样一个疑问：安防是 AI 落地的第一站，那么当其他行业也陆续抵达了第一站之后，安防是否应该向智能的第二站出发？

换个角度看，让安防走向智能化的深处，也是这一行业本身的市场需求。2019 年我国安防行业总产值达到 8300 亿元。在向万亿大关迈进的关键进程里，智能化是安防产业目前最清晰、最具产业爆发点的技术路径。如何更好利用这一技术路径，深入挖掘 AI 与安防的结合潜力，让 AI 从"看见"到"预见"，是安防行业整体向上突破的关键。

2018 年，安防产业迎来了华为这位新玩家。而在并不长的时间中，华为的智能安防产品就成为全行业热议的核心。华为智能安防业务，提出了全息智能战略，完成了从智能安防到机器视觉的升级。回顾这道历程，能让我们理解华为思考安防产业和人工智能的方式，也能窥见安防行业正在发生的智能化变革。

人工智能带给安防产业的变革很容易理解，过去的摄像机只能负责记录，但在人工智能时代，摄像机可以主动识别和分析所见之物，这构成了智能摄像机 + 安防产业的基础逻辑。让智能摄像机具备人脸识别、车辆识别等基础能力，主动核对人车，提升安防效率。当然，这一解决方案带来的仅仅是安防效率与精度的提升，可谓是 AI+ 安防的初始阶段。

从产业发展上看，让摄像机背后的机器视觉系统，从识别走向理解、分析和决策，这个趋势是必然的。或许未来有一天，我们需要的智能安防技术是这样的：智能摄像机检测到了某一设备有老化现象，就结合生产数据、天气数据、人员流动数据，以及设备检测与维修规则，自己制定好了维修保养方案，发送给相关单位，并预约了不影响生产的时间进行维修。这样企业在没有任何生产停顿的条件下，就完成了必备的检测维修工作——在这个场景下，安防已经不只是安防，而是企业生产力的核心组成部分。让摄像机在识别之后，走上判断、决策、多领域协同行动的新智能安防道路，变成企业的生产核心和城市、园区、人流集散地背后的大脑，是今天安防产业的升级之路，也是最大的产业机遇。

但是这个机遇在实际到来时，却会发现一切并没有那么容易。安防即生产，是一个全新的需求和市场，这个领域的特点在于，虽然前景非常清晰，但是智能化安防升级将带来数据应用、算力调度、算法与解决方案多元化等问题。智能安防在人脸识别为代表的第一次智能化过程中，行业解决方案相对单一，各行业需求相对雷同。但在智能安防深入产业发展之后，不同行业、不同场景的数据、算力、算法、工程化等需求会将会启动复杂的差异化供需关系。然而从目前的产业现状中看，更多玩家还只是单纯的硬件厂商或者算法厂商，很难应对这样的产业挑战。

迫切的产业升级需求，与相对单一的产业基础，构成了今天智能安防向深处推进的主要难点。而如果我们将挑战拆分一下，会发现有四条鸿沟，横亘在智能安防产业通往未来的升级之路上：

（1）数据的收集和应用能力不足。摄像机收集数据模式单一，数据类型、数据结构、数据场景之间缺少打通方案，企业只能用很少的数据换来很少的智能，缺乏多维度数据+高度智能化的启动方案。

（2）智能成本太高。目前，智能安防领域的核心问题，还是AI算力的稀缺。本地安防场景需要端侧与边缘测算力供给，但AI算力产品却很难提供类似解决方案。尤其在智能摄像机中，缺少高集成度的AI算力供给方案。

（3）"智能安防+产业应用"，需要大量行业解决方案和垂直算法。但在今天，这一领域缺乏开发生态与产业生态支持，应用场景找不到对应的生产流程，造成智能安防难以打破应用孤岛。

（4）集中数据和智能化会带来安全风险。更多智能，意味着更庞大的数据打通。然而这一智能提炼过程里，企业需要可信赖的安全保障。

巨大的市场与巨大的挑战同在，历史证明这样的机遇往往特别适合华为。面对这四大产业鸿沟，华为开始调动底层技术优势带来变革。在2018年，华为在安防产业率先提出了"软件定义摄像机SDC"概念，让智能安防摄像机不再仅能搭载固定的AI能力，而是根据需求来调整摄像机中的AI算法，丰富了智能安防的可能性与供应链价值。2019年8月，华为发布新的智能安防业务战略，同时公布了HoloSens新品牌与新产品。HoloSens是华为面向安防产业给出的一个独特关键词。

第 7 章 从 IT，到云与智能的底座

HoloSens 可以理解为"全息感知"。这个品牌名的发布，明确了华为要在智能安防产业中打通数据界限，实现多维数据 + 全流程智能的战略洞察。在华为看来，HoloSens 产品应该展现出华为在高性能计算与 AI 计算方面的底层支撑。它们不仅是摄像机硬件，同时也是 AI 操作系统与开放平台、AI 算法商城的具体载体，打开了摄像机按行业需求、场景需求定制化以及持续演进的新思路。在全新感知战略中，华为希望为安防产业带来四种全新价值：

（1）前端实现多维数据采集与数据打通，打造多维感知平台，融合数据湖产品，实现数据自动化，帮助产业场景跨越数据孤岛。

（2）底层芯片打通"ICT 生态 +AI"的双计算引擎，利用"鲲鹏 + 昇腾"，满足算力与 AI 双驱动，容纳智能安防产品与华为 ICT 体系以及智能化技术创新的融合共生。

（3）开放算法统一平台，打开生态，联合创新。让安防融入各行业的需求，结合无数开发者的智慧，打通广大生态合作伙伴与智能安防创新之路的结合。

（4）全面提升工程能力与安全标准，建立全流程、全产品、深入服务的安全体系，通过严苛的安全标准与安全技术保证智能安防体系可信可用。

在海量研发与技术体系中生长出的华为智能安防,希望将安防这个独特的产业,带入多维数据、生态开发、生产系统紧密耦合的新时代。2020年2月,华为宣布将"华为智能安防"更名为"华为HoloSens机器视觉",华为将机器视觉能力转化为全新生产力的战略展露无遗。在2019年10月的安博会上,华为发布了一站式智能视频算法商城——HoloSens Store,为安防产业输入了类似智能手机中App商城的模式,改变了安防用户和供应商、算法开发者之间的关系。

同时,华为机器视觉也开始补强人工智能技术的应用范畴,从早期智能安防的重采集、重感知,开始向更考验智慧能力的领域输送系统级的"大视频应用"。例如依赖于实时视频感知的ADAS(高级驾驶辅助系统)、AGV(自动引导车),需要视觉系统来行动和交互的机器人,自动完成高精度检测的工业视觉机械臂等,甚至包括更智能的安防系统平台,都可以借助更强大的机器视觉技术来实现。

而一个有趣的现象是,一些传统安防巨头也开始启动向"基于视频监控的物联网解决方案提供商"的过渡。这或许也侧面说明了,华为更名背后的场景升级,不仅是华为和人工智能自身的技术溢出需求,也是安防行业技术承载饱和之后必然的选择。

5. 华为的浮槎：云与计算渡过时代之海

让我们回到一个更宏观的视野中，重新审视华为云与计算 BG 所面临的时代变局。

中国人自古以来就有对探索地理极限与未知世界的想象。《列子》里展翅八万里的鲲鹏，《山海经》里无数海外仙山与异国奇兽，都是如此。而且中国文化从来都不止步于对未知的想象和猜测，还要真正乘车驾船去探索未知，寻找大海和天空的极限。西晋张华的《博物志》里说："天河与海通，近世有人居海渚者，年年八月，有浮槎去来，不失期。"

浮槎是传说中能够通行在大海和天界间的巨船，有心人可以驾驶它从东海出发直探蓬莱、海岱等仙山。与西方神话中的诺亚方舟不同，浮槎不是为了拯救和避难，而是为了探索未知，直窥远方。人工智能的到来、5G 的商用、IoT 世界的觉醒与企业全云化的加速，正在令 IT 世界迎来未知而神秘的"海外仙山"。而这一趋势下，每一个政企用户以及开发者，都得到了一张关于数字化转型与智能化升级的"航海图"。

而华为用以航海的，就是云与计算 BG 这艘新的巨舰。

今天是 IT 产业大爆炸的时期。我们身边无时无刻不在发生着计算，所有角落都在生产和利用着数据。智能化的崛起、更多 IoT 设备的融入、5G 带来超级联接，种种条件都在让原有 IT 世界的计算与存储框架经受最严苛的冲击。只有改变，才是通往未来的唯一钥匙。这场时代大背景下的数字变局，可以归纳为三个基础变化：

（1）计算之变：摩尔定律正在逼近极限，导致计算架构更新成了全球共同的迫切任务，性能更高、更可靠、更灵活的算力成了千行百业的发展基础。同时，AI 的崛起导致异构计算、多元任务处理能力成为计算产业的当务之急，处理非规则任务的针对性计算平台变得至关重要。

（2）数据之变：在今天，数据并不只是制造和存储，而是需要被实时复用，反复挖掘。因此，数据必须保持实时化的高速流动，数据中心正在变成计算中心，并且多终端、泛 IoT 体系正在带来数据的多元化与非结构化，这为数据存储、利用和融通带来了全新挑战。

（3）业务之变：今天和未来的企业，不仅需要 IT 设施作为企业网络的保证，更需要 IT 设施成为企业智能化升级、数字化转型的通道。AI 的深度利用、5G 红利的快速把握、IoT 体系与生产体系的结合，都成为各行业的业务新变化。那么 AI、存储与云计算服务必须先时代一步，为企业探索出通向未来的业务抓手。这导致 5G+AI+ 云必须产生底层的融汇与深度技术理解。

在华为看来，这些时代变局必须从最根本的问题来着手解决，也就是从芯片层就进行计算架构的更新，以及智能能力的融入。通过芯片发展泛 IT 基础设施的进化，以及云服务的对外输出，最终形成开发者与生态伙伴的黑土地，从而让无比复杂的时代问题，有了一个解决的起点。这个起点，就是"两枚芯片"——负责计算架构更新与 IT 基础设施迭代的鲲鹏，以及带来全栈全场景 AI 能力的昇腾。从这两个起点出发，结合华为的技术优势，形成了"一云两翼双引擎"的产业布局。

在华为云与计算 BG 中，集成了几个方向的产业布局。随着数字化的深入，以及智能化的崛起，IT 世界面对的第一考验是数据洪潮。

原本的 IT 体系中，终端是制造数据的唯一途径。而在智能世界里，一辆自动驾驶汽车每天就能制造海量的数据；街道上每一个 IoT 设施都能制造数据；在穿戴设备和泛传感体系的帮助下，每个人的一举一动都能制造数据。

把数据洪潮从"IT 灾难"变成"水力资源"，变成智能化的推动力，是时代的当务之急。在这场变革里，华为提出将数据库、存储产品、大数据解决方案等融合生成数据基础设施，让数据成为生产的一部分。这个背景下，我们看到了上文讨论的 GaussDB 数据库和 OceanStor 存储。华为数据基础设施体系的背后，是基于鲲鹏生态所实现的数据基础设施融合与一体化，这为企业提供了更好的整体数据支持。而昇腾提供的 AI 能力放大了数据智能化体验，可以实现业务的自动开展与极简运维。

让数据在全生命周期内好用，让数据的每比特价值最大、成本最优，这已经成了华为在数据领域的核心竞争力。基于"鲲鹏+昇腾"，华为的数据基础设施体系打破了存储内部的系统墙、数据库存储之间的墙、大数据跟存储之间的配置墙，以及大数据跟数据库之间的链堵墙，从而反向促进了计算与智能的价值最大化，成为用户数字化转型中的数据推动力。

而"云+AI"的时代剧变，核心载体将是云。随着企业全云化的加速，5G 时代超级联接的到来，越来越多的企业技术创新与数字化转型将在云计算平台中发生。快捷、有效、灵活地获取算力、智能与体系化解决方案服务，让云成了计算、智能、IoT 变革的核心出口。

而华为云，可以说是目前这一产业阶段中进步速度最快的云服务厂商，同时也在成为华为计算的融合体与输出口。

从"鲲鹏+昇腾"的双引擎视角看,华为云在2019年上线的200多款云服务中,包含了69款鲲鹏云服务,以及43款昇腾云服务。"鲲鹏+昇腾"构成了华为云的技术底座,也构成了华为云的核心差异化优势。

这一优势尤其在AI大潮中格外明显。基于昇腾带来的全栈全场景AI,最终通过华为云实现了产业输出。"云+AI"实现普惠AI,也成了华为云的名片。"云+AI"伴随华为云在混合云、软件开发云等领域的技术优势,让华为云成为大型政企上云的最佳选择,同时结合华为在5G领域的领导者地位,构筑了云+AI+5G的体系化优势。

而在云与计算之外,今天各行业想要直接启动智能化升级,还有一个关键需求就是边、端场景的智能计算能力。在过去几年,全球AI算力的需求增长了数十万倍,今天依旧在以每年大于十倍的幅度增长。而这些需求很大一部分发生在边端场景、服务器、AI训练集群市场上。为此,华为升级了智能计算业务,打造了Atlas人工智能计算平台,这成了融合鲲鹏与昇腾的另一条重要通道。

围绕"鲲鹏+昇腾",融合数据基础设施、云计算、AI以及IoT领域的多种技术,再结合行业开发者生态,完整的"云+AI"布局带给华为体系化的技术红利。这些技术红利与相对垂直的产业结合,带来了"鲲鹏+昇腾"在具体赛道中的表现。结合华为原有的多个产品线,以及新进入视野的行业赛道,"鲲鹏+昇腾"探索出了众多行业案例,为更广泛的生态开发提供了基础参照,并为垂直行业生态奠定了核心基础。

华为以"云+AI"构建的浮槎,在2019年完成了巨舰轮廓的建造,同时也真实影响了大量行业中的开发者与应用者。如果我们仔细审视华为云与计算BG的体系内部,会发现整个庞大的体系中带有巧妙的关联。例如，鲲鹏带来的计算架构更新，赋能着存储与数据库；而数据基础设施的完善，又让华为的全栈全场景 AI 能力可以被更充分利用；而 AI 能力作为通向未来的关键，又吸引着开发者和应用者走进鲲鹏。

云计算、人工智能、数据、计算架构乃至 5G 与 IoT，技术集群正在充分融合，构成数字溢出效应的原动力。而华为的多领域技术优势正在搭建成彼此支撑的完整体系。"一云两翼双引擎"，其实是相互衔接和推动的产业闭环，最终构成了环环相扣的生态黑土地。对于更多数人来说，华为的"云+AI"体系并不仅仅是一家公司的独特性，更是时代产业机遇的独特打开方式。

进入 2020 年，以 5G、人工智能、云计算为代表的"新基建"战略，成为中国科技界最为关注的盛事。而事实上，不仅国家正在打造"新基建"体系，每家企业也在面向所见的未来，打造自己的"新基建"。换个角度来看，每家科技企业对 AI、云计算、物联网等新一代 ICT 技术贡献的研发投入、产业布局、战略判断，最终也将凝结成"新基建"的繁荣生态。其中，华为年报首次专门提出了云与计算产业。

对于华为而言，云与计算 BG 就是"新基建"体系的集成。在智能时代华为将 AI 技术和 IT 产品与解决方案深度融合，希望推动行业数字化、智能化进程。就战略角度而言，云与计算 BG 构成了华为面向未来十年智能化发展周期的产业基石。如果说，过去若干年我们的生活中逐渐迎来了越来越多的华为手机；那么未来若干年，我们将在工作中迎来逐渐增多的华为人工智能、云服务和多场景的计算能力。

这个变局造成的影响，将大于移动终端对我们生活的重构。而此刻，你又是否准备好了呢？

第8章
智能世界的感性与温暖

在前述章节中,我们逐个解析了华为业务体系、技术体系与人工智能的关系。如果说技术、产品和解决方案构成了华为面向人工智能时理性的一面,那么在智能时代涌向现实的旅途上,华为也展现出了感性的一面。其中包括梦想、柔情、社会责任,以及对技术的凝视与思考。这些内容也许不会浪费我们过多的脑细胞和记忆力,却值得回味和微笑,值得我们借鉴来思考未来的生活与社会。

被广泛认为是"技术型硬汉"的华为,其实也有众多温情脉脉的面孔。这里我们节选几个华为的侧面,它们可能无关技术,却在另一个维度上与我们的生活更紧密相连。归根结底,智能世界不是一个只有比特和芯片的冰冷荒漠,而是充满人性与同理心的。华为在为此努力,相信读到此处的你也是一样。

1. 华为的梦想：每个人化身超级英雄

以人工智能、5G、云计算为主导的第四次工业革命，正在加速来到我们身边。作为普通人的我们，回想起前三次工业革命，大概会首先想到一个个显赫的名字，一大群时代骄子，或者说得直白点是一大群"人生赢家"。那么在智能时代与第四次工业革命来临时，我们该如何接入这场伟大变革，如何实践自己的价值，化身这个时代的英雄？

从个人、企业再到全球经济，全联接的智能化正在接入每一个角落。预判方向，理解智能化发生的过程，也就成了时代所需。在这个领域，华为发布了自己对未来的预测，叫作全球产业展望 GIV 2025（Global Industry Vision 2025）。它记录了华为的判断，也展现了华为的梦想。

通过更直观的数据与场景化的判断，描绘 2025 年的"+智能"时代，GIV 2025 提出了十大科技趋势预测，从中我们可以读懂智能化究竟如何发生。而在这个过程里，每个人都将获得独特的时代机遇。

GIV 2025 十大趋势里，隐隐向我们展示出：智能技术作为一个酝酿了 70 年的产业契机，它能在如今走入舞台中央，是因为我们已经在 ICT 技术数次迭代基础上，将世界改造成了一个螺旋世界。智能技术抵达后，将经历层层推进，最终形成工业革命所需的风暴。这个螺旋世界由三个层次构成：

（1）技术协同层：5G、云、IoT、大数据、VR/AR 以及泛 ICT 技术创新，组成了智能技术矩阵化落地的协作基础。

（2）应用层：生活、企业、泛产业，在互联网时代的信息化、数字化、网联化基础，提供了智能技术的应用空间与应用前置。

（3）产业层：ICT 产业的价值得到改变，从底层走向台前，越来越直接驱动产业发展。相关产业生态更完善复杂，家庭、企业、行业应用智能化、数据化程度显著提升；智能经济主导的经济全球化更加明显。这些产业为智能化技术提供了直接动力。

在这样的螺旋世界里，个人生活、企业发展、产业未来将有不同机遇。

首先，我们可能会像"超人"一样生活。超人是什么？其实他只是拥有人类未曾拥有的速度、力量、感官的普通人。而今天，这些能力正在被智能化技术带到普通人的生活中。GIV 2025 之中，有四项趋势分别对应了生活中的"超人延展"：

（1）机器人更是家人。不远的未来，我们会适应家中有机器人成员，这将带来新的家政、教育、健康服务方式。全球 14% 的家庭将拥有家用智能机器人，这将让人类具备"分身"能力，在智能化面前更好地享受自由与效率。

（2）超级视野。屏幕的边框正在逐渐消失，而这将改变人类的感知方式，增强从泛娱乐到产业实践的交互体验。无处不在、无所不及的沉浸视频，正在让人类真正拥有超人视野。

（3）零搜索。知识系统的迭代，正在驱动人类与信息的交互方式发生改变。生活中的 IoT 与泛知识网络，就像新的手臂，极大延展了个体的触及能力。超人的力量与感知，将是 IoT 带给生活的馈赠。

（4）懂"我"的道路。加强人类与道路之间的联接能力，提高出行效率，优化出行体验、出行安全，驱动驾驶的云化与自动化，逐步让无感无操控出行抵达现实世界。

家庭、泛娱乐、信息、出行这四个领域，重新塑造了个人的延展边界，在几年之内，我们将会在潜移默化中加强"超人"的一面。如何利用这个机会，做智能化的先觉者，也就成了个人生活中必须面对的话题。

例如，我们可能要如"钢铁侠"一样工作。记得钢铁侠是如何完成发明和拯救世界的吗？他自己并不做什么，而是让"贾维斯"这样的助手不断帮助他来实现各种创新，完成与世界的联接和通信，并且通过机器的力量去克服困难。

如果一家企业，也可以变成钢铁侠，那么这意味着大量的安全风险成本、沟通成本、工作成本，都可以转给智能化技术体系来承担。企业可以获得更高的工作效率，员工可以专注于创新和创造本身。在大数据、人工智能以及泛 IoT 带来的机器迭代中，这样的画面正在成为现实。我们可以看到，十大趋势中有三个直接关乎企业未来的工作方式，指明了智能世界中企业如何降低成本，提高效率：

（1）机器人从事"三高"。让机器人替代人类完成危险工作，是 AI+IoT 落地的先头阵地。让智能机器人抵达"三高"（高速、高压、高空）工作现场，完成关键领域的智能化到无人化过度，是今天各经济体率先需要发起的产业行动。而这也直接影响着"三高"相关产业的核心生产与创新效率。

（2）人机协创。人类和人工智能共同创造，正在改变企业创新与业务发展的模式。AI 正在企业中扮演越来越多的角色，从后勤与安防提供，到业务分担者、流程管理者，再到创新助手和决策助手，AI 正在全方位加速走入企业。GIV 预测 2025 年会有 97% 的企业应用 AI。

那么 AI 在这些企业中的用时、用量以及应用准确率排名，也就关乎着企业的发展成绩。

（3）无摩擦沟通。数字可视化、跨语种的机器翻译能力、数据挖掘技术，正在让企业间的沟通、企业内部的沟通发生迭代。企业正在借助技术更好地表达、讨论和获取共识，这将强化全球经济共同体，以及跨产业协作、新产业生态的塑成。

钢铁侠般的企业，需要具备钢铁侠般的智慧和工作习惯的员工、管理者和决策者。因此，当我们希望更快乐、更高效、更富创造力地工作，智能化就是接下来每个岗位的必修课。

最后，我们可能要去做"海王"，在数网大潮中寻找未来。在超级英雄里，海王是一个日常散散漫漫、潇洒度日的中年男士，但当他回到大海拿起三叉戟，七海的风与浪将听他号令，风光无限。或许这是我们每一个人的愿望，生活里洒脱快乐，工作时风雨皆助。那么这个愿望达成的前提，就是要理解大海，听懂大海，然后才能呼唤和使用大海。什么是这个时代的大海？就是数字化与全联接时代的全球经济共同趋势。GIV 2025 十大趋势预测中，最后三个部分是关于数网大潮中的产业走势，也就是我们必须在今天听懂的大海。全球经济体迭代，将伴随着智能化进程以及配套产业链的重组，这将带来三大技术趋势的高效增长：

（1）共生经济。企业全云化，技术平台化，以及智能时代企业技术内核的模组化，会催使经济体发生覆盖面更广、更具深度的共生现象。这是企业与产业智能化的必经之路，同时也是 ICT 产业的新机遇，个人职业与学习的新舞台。

（2）5G 加速而来。5G 浪潮正在驱动产业专网变成新的生产力组成部分,让网络改变行业、滋生行业、全面加速产业智能化成为可能。而这一趋势里的关键问题,在于5G的加速化建设正在为各产业带来"网络即生产"的契机。

(3)全球数字治理。智能化浪潮面前,数据将成为核心生产力。那么数据应用的标准、治理方案、隐私保证方案、端到端的安全保障,都将成为智能时代的产业必备品。全球数字治理,正在成为企业和个人融入第四次工业革命的"金科玉律",也将带来大量新的产业机遇和就业岗位。平台化、全联接、数据安全,数网大潮中的三大趋势是智能化技术带来的三大整体经济趋势。对每个人来说,今天都必须更好地理解智能化技术,适应智能化技术与我们生活、学习和工作的结合,并且在产业机遇面前重新规划学习与就业方向。

企业需要调整脚步适应数字化、智能化进程,提前做好战略转型,驱动业务体系与技术体系走入智能化,为智能化机遇下的提质增效与切换赛道做好准备。行业视野下,大型政企和产业联盟应该更好地把控智能化来临时的宏观红利,推进技术与现实的加速耦合,把控平台化趋势与数据、网络安全,为行业全面接入智能化创新提供有效基石。

每一个时代,人类都是最后的英雄,智能化时代也是如此。我们只是我们,但我们在每次生产力跃迁时都会成为更好的我们。对智能化的理解,构成了时代的镜像,构成了英雄的舞台,也构成了华为的梦想。

2. 华为的温柔：Tech 4 all 给世界一个拥抱

人工智能技术的层层建设，并非仅仅徘徊在遥远的技术之巅。我们每个普通人的生活，在今天都有可能被人工智能所改变。挖掘人工智能技术的社会公益价值，近几年不断被相关产业和社会各界所重视。这个大背景下，华为也在将自身人工智能技术与社会公益价值结合，与全球各领域一道，写下了众多温暖的故事。

为人父母者都知道，儿童眼科疾病是众多疾病中的难题。孩子很难表达眼部的不适，父母如果缺乏相关专业知识也无法识别症状。这种情况导致大多数可能患眼疾的孩子长期处于未诊断状态，以致错过最佳诊断期，甚至影响一生。在人工智能的帮助下，这个全球性难题正在得到改观。在西班牙，华为联合当地医疗研究机构 IIS Aragon 及 DIVE 研究中心，开发了一种新的检测幼儿视觉的医疗工具，孩子只需要观看展现在华为平板上的眼球刺激信号，DIVE 系统就能实时收集孩子眼球的移动轨迹和反应，并将数据发送到搭载相关 AI 功能的华为手机。

利用华为 HiAI 平台提供的机器学习能力，系统可以进行本地化的人工智能计算，完成眼部疾病筛查，这就是 TrackAI 应用。在人工智能技术的支撑下，经过培训的父母也能像熟练的医生一样，简单有效地检测儿童视觉障碍。根据统计，这一功能将给世界上 1900 万个视觉功能障碍儿童带来福音。

这个行动，是华为 Tech 4 ALL 数字包容计划的一个缩影。这一计划希望用多种多样的 ICT 技术，着重解决医疗、健康、教育、环境等重点社会问题，让全球尽可能多的民众享受数字技术进化的红利，让数字世界包容每一个个体。

2019年9月，华为全联接大会期间举办的Tech 4 All峰会上，华为副董事长胡厚崑发表了"科技普济天下"的主题演讲，并宣布了华为Tech 4 All数字包容行动计划。"数字包容"是指个人和群体平等获取（Access）和使用（Use）信息及通信技术（ICT）的机会；Tech 4 All则是华为面向"数字包容"话题的倡议和长期行动举措。这一计划预将联合许多国际公益组织，在未来五年内让五亿人口从中受益，保障更多人享受智能技术的发展。

从我们身边的故事，到人类社会共同关注的议题，Tech 4 All在各个角落示范了AI能为我们带来什么。

例如这样一个故事：2017年6月5日的凌晨，一位上海的45岁母亲，迎来了生命中的第二个宝贝，同时也遭遇了生命中的一次磨难。她在生下第二个孩子时，医院医生发现她有大出血的可能。而问题在于医院血库库存并不足。而在与死神赛跑的争分夺秒中，医院很难快速找到足够的血源来保证母子的生命安全。一般情况下，找到合适的血源需要1～2天时间，血液的安全检测也需要1～2天时间，中间还夹杂交通、天气情况等可能带来的影响，这位母亲显然无法等待常规的血液救助方案。

但最终，她在9个小时的抢救中获得了1万多毫升的血液，在第二天早上生命体征终于稳定了下来。这个化"不可能"为"可能"的秘密，在于华为云与合作伙伴共同搭建的血液云平台。基于人工智能技术，医院快速在上海九个血库中完成了线上血液对比，最终让生命奇迹得以发生。在现代城市中，往往稀缺的并不是血液，而是很难准确找到这些血液在哪里，在人工智能和云计算的帮助下，人们多了一份希望。

让我们再把目光投向环境保护。2019年12月5日的广东佛山大火，曾经牵动了全社会的挂牵。在这次扑火救灾乃至善后保险等工作中，都充分体现了人工智能的价值与温暖。

在接到佛山火灾的通报后，国家航天局立刻启动应急机制调集了83颗卫星，把6家数据单位的数据集中，快速完成了对佛山的495次观测。最终利用人工智能结合观测遥感技术，实现了对火情的米级定位，可以在指挥中心实时判断火势，高精准、高技术含量地指挥救援。

30多年前，中国第一次使用遥感技术检测火时，还只能提供千米级别的定位。如今精度提升了一千倍，这背后除了卫星技术与天文科学的发展，也离不开华为提供的云计算与人工智能能力。

在更遥远的地方，华为的人工智能技术在默默守卫着地球。在超过十个国家的热带雨林，华为联合 Rainforest Connection 组织，将大量的华为旧手机改造为太阳能雨林监听设备，变成雨林生态的"耳朵"。通过华为 HiAI 平台提供的端侧人工智能计算能力，这些来自华为的"雨林之耳"能够时刻倾听识别雨林中的盗伐卡车、盗猎者枪声和电锯等声音，从而保护雨林中的动物和植物。在人类难以长期驻守的热带雨林深处，让人工智能去监控和守护自然，为雨林提供勃勃"声"机。根据预测，2020年将有超过6000平方千米的雨林从 Tech 4 All 中受益。

从医疗到教育，从环境保护到社会普惠，各式各样难以用人工完成的工作，今天都有可能用人工智能来完成。在2020年突如其来的疫情里，也可以看到华为的人工智能技术"冲入"一线，完成了诸如电话寻访告知、新冠肺炎医疗影像快速检测、AI疫苗开发、远程医疗会诊以及医疗会议智能整理等能力。此刻的我们，其实都感受过人工智能带来的温暖，感受过华为等科技企业在特殊时期的守护。

人工智能让世界更美好，让社会更温暖，这是一个充满了想象力的话题。在这个时代，每个人都与人工智能紧密联系在一起。

3. 华为与开发者：14 岁的钢铁之心

在人工智能时代，开发者的价值将达到史无前例的高峰。这是因为以深度学习为代表的第三次人工智能兴起，本质上是基于数据抽象化达成的统计学模型。而这也意味着每位 AI 开发者的创造都将不同。人工智能的最终边界，将由开发者来塑造。

这个大背景下，各大科技公司都在积极执行赋能 AI 开发者、培养 AI 开发者的战略。同时，我认识的很多朋友，尤其是计算机相关学科的学生和软件编程工作者，经常问我自己能不能成为 AI 开发者？成为 AI 开发者有什么先决条件？

我们用一个故事来回答这个问题吧。在写下这篇文字的时候，故事的主人公刚刚 14 岁。

20 世纪 40 年代，斯坦·李就已经在漫威公司推出了如今家喻户晓的"钢铁侠"系列漫画。70 多年过去，钢铁侠成了著名的超级英雄之一，也变成了全世界科学与技术爱好者的偶像。但是漫威公司也发现了这样一个问题：托尼·史塔克的钢铁侠故事讲了 70 年，难免流于重复。应该让哪个形象来接班托尼，成为第二代钢铁侠呢？

最终在 2016 年 5 月，被称为"钢铁之心"的莉莉·威廉姆斯在漫画故事中登场。这位毕业于麻省理工学院的 15 岁天才少女，正式成了钢铁侠的接班人。这个消息一出，引起了无数争议。可是如果静下心来思考一下，钢铁侠的衣钵，难道不正应该由对未来充满好奇的少年来继承吗？或许可以这么说：当一位少年用好奇和热爱，牵起了技术与科学的手，那时他就是钢铁侠，他就是钢铁之心。

第一次知道廖同学，是在 2019 年 8 月。当时我正在东莞的华为溪村园区参加华为开发者活动。当时只记得在各展区走了一天，逛得是天昏地暗。晚上整理当天资料时，各群里突然都在说，当天华为开发者活动现场来了一位年仅 14 岁的小同学。这位小开发者刚刚小学毕业，趁着暑假间隙自主报名来参加了华为的活动。尤其让现场众多媒体和技术从业者惊奇的是，他在活动当天一直专心致志地体验华为云的 AI 开发平台 ModelArts，成了整个展台最晚离开的开发者。

这是我第一次知道廖同学这位典型的 00 后 AI 开发者。而与其他开发者故事不同的地方在于，廖同学并不是在家长或老师的指导下学习了一段时间的 AI，再来到华为开发者活动现场。虽然此前他一直对编程感兴趣，但他对 AI 开发并没有准确的概念，而是纯粹凭借兴趣爱好，自己要求报名参加了华为的开发者活动，甚至因此放弃了暑假去新加坡游学的机会。

而缘分的奇妙之处在于，廖同学到来的当天，就真的在华为云专家唐福明老师的亲手教学下，开发出了他人生第一个 AI 模型：基于 ModelArts 平台完成的花卉识别。第一天相遇就达成了成果，这恐怕是学习任何才艺都很难想象的，其中当然有廖同学的努力与好学，同时也展现出 ModelArts 这样的开发平台，正在让 AI 开发这件事褪去神秘，变得触手可及。

此后，廖同学的故事在华为技术专家中口耳相传，华为云业务总裁郑叶来，华为技术有限公司高级副总裁、Cloud & AI 产品与服务

CTO 张顺茂都赞扬了 14 岁的廖同学。在 2019 年 9 月的华为全联接大会中，华为云人工智能领域总裁贾永利提到了廖同学的故事，以此作为普惠 AI 的典型案例。

按照逻辑来说，接下来的疑问应该是，为什么 00 后都成 AI 开发者了，自己却不行？廖同学的故事恰好可以回答你的问题，ModelArts 提供的自动学习能力，是他入门 AI 的关键。我们知道，AI 开发一般有两种模式，一种是基于已有 API 进行 AI 能力调用。这种模式虽然可以满足一些基础的 AI 应用需求，但是很难定制化，无法实现灵活自主的需求。换言之，这种模式中开发者自己能做的事情非常有限。而另一种就是我们熟悉的基于深度学习框架进行 AI 开发，但这一种的问题在于需要开发者拥有不错的编程基础、逻辑能力，以及平台兼容问题的解决能力。虽说代码是行走江湖的终极利器，但浪费大量工作在代码上其实并不利于初学者融入 AI，也会让高端玩家把很多时间浪费在重复的编程工作上。

ModelArts 提供给廖同学以及广大开发者的，其实是自动学习的能力。开发者只需要上传并标注数据，就可以半自动完成模型训练。这种模式下，一方面保留了开发定制化的基础，开发者依旧要自己编织数据，完成自动化训练和创意开发；另一方面可以在不同的编程基础上，甚至零代码地完成开发工作，高中低端开发者各取所需。廖同学可以在一天之内上手 AI，并很快在其中找到了探索空间和深化下去的乐趣。简单易用且工具完整的 ModelArts，让 AI 开发这件事变得不再神秘高冷，反而成了一个游戏。

我想廖同学的特殊之处在于，他并没有展示给大家传统意义上的"天才故事"，或者说他在 AI 之路上的天才之旅才刚刚开始。

因为在故事的开端,廖同学跟我们大多数人一样,对人工智能只有朦胧的热爱,并没有深入的了解和体系化的学习。所不同的是,年纪轻轻的廖同学真的站到了 ModelArts 展台前,如饥似渴地学习和操作着。

对于一件新生事物来说,热爱和好奇才是最宝贵的。遇见人工智能后,廖同学始终保持着学习和钻研的兴趣,如今在面对镜头时,他已经能娓娓道来自己的使用心得,甚至能够开始规划未来想要开发的 AI 模型,以及讲述自己对 AI 技术本质的理解和认知。人工智能的天才不知有几,人工智能的赤子却是多多益善。

在中国,由于人工智能产业的快速崛起与人才缺口的持续拉大,各年龄段、各水平的 AI 教育方案层出不穷,甚至市面上出现了幼儿园 AI 教材。但与编程不同的是,人工智能虽然也要求逻辑自洽和高鲁棒性,却更加重视差异化的开发创意和解决思路。也就是说,没有两位开发者训练出的 AI 模型是完全相同的。这种情况下,教科书首先无法解决的问题就是如何在常识基础上,培养体验感和探索度。

另一个人工智能教育必须关注的问题,是人工智能背后其实涉及非常复杂的应用数学与现代统计学知识。基础理论的扎实程度决定了未来 AI 探索的高度,但对于初学者尤其是在校学生而言,这些知识又确实太遥远和生涩了。这样来看,人工智能教育的开端,必须是可知、可感、可以简单学习的实际操作平台,让无门槛体验和快速上手成为 AI 的第一把钥匙,从而引导"准开发者"步步踏入智能世界。一个高度工具化、自动化、集成化的 AI 开发平台,恰好可扮演"门"的角色——这也是在人工智能时代中对无数人来说,华为的角色。

不管你是 00 后、90 后，还是 60 后、50 后，AI 正当时，一切都未晚。要知道，廖同学甚至不是我采访过的最年轻的 AI 开发者。白云苍狗，光阴起灭，新世界的大门已经被那些少年打开。

当你满怀好奇和笃定，推开 AI 的大门时，你就是钢铁之心。

4. 任正非如何思考人工智能？

2019年9月9日，《纽约时报》专栏作家托马斯·弗里德曼在采访任正非时问道，华为要研究的下一个前沿领域是什么？是6G还是基础科学研究？您想要攀登的下一座大山是什么？

任正非马上给出了答案：人工智能。

在了解华为的人工智能体系时，大家会很自然地想到这样一个问题：在华为开始投入人工智能研究之时，究竟是如何看待这门技术的？华为对人工智能的未来期许是什么？

这些问题，一方面要从具体的技术脉络演进中寻求答案，另一方面也要从华为领导者的思考和认知中探寻战略性的解答。从2019年开始，原本非常低调的华为创始人任正非密集接受了全球媒体采访，其间人工智能毫无疑问是最重要的话题之一。

在任正非看来，人工智能对华为以及社会经济究竟有多重要呢？在华为的5G技术取得全球瞩目和产业领先地位的时刻，任正非却说："5G只是小儿科，人工智能才是大生意。"

面对这个可能让普罗大众会有些惊讶的说法，任正非解释道，5G是提供高带宽、低时延网络环境的工具，它支撑的是人工智能。作为真正的大产业，人工智能是又一次改变信息社会格局的机会。

任正非对人工智能技术的探讨和阐释，恰好可以作为华为人工智能战略的顶层注解。

1)人工智能的实际价值是什么

一种新技术在产业世界的兴起,需要解决的首要问题就是它的价值定位。

人工智能对于社会经济来说,究竟有什么用处?在任正非看来,人工智能的核心价值来自帮助产业升级,提升核心生产力,从而让各行业能够应用更少的劳动力,实现更大的产出。

举个例子,在非洲的一间实验室,华为利用了相对简单的人工智能技术,就把此前一位工程师每天设计4个站点的生产效率,提升到了每天1200个站点。这个改变的发生,让华为在2017年减少了相关地区一万名工程师的工作量。在华为的生产线上,已经可以实现20秒生产一部高端智能手机,并且所有人工数量逐渐减少,未来可能5个工人就可以操作一整条手机生产线。种种迹象表明,人工智能在生产上发挥的效率在不断提高。

这种改变直接带来的影响,是人类社会未来的发展会越来越有利于文化高、素质高、社会条件优越的国家,人口逐渐不再是发展优势。人工智能也可能带来国际产业格局的进一步分流,高度人工智能化的产业会向西方国家发展,而依旧不能实现人工智能和生产方式的行业会进一步流向东南亚等低人工成本国家。

在任正非看来,人工智能带来的产业变局中,中国处在"夹心饼干"的状态里。普遍提高民众的文化素质、创造力、基础教育水平,是中国应对人工智能所带来的产业挑战的根本途径。

另一方面,人工智能可能与其他技术携起手来,带来巨大的价值突破。例如基因技术很可能在未来二三十年中迎来巨大的科学突破,而基因技术与人工智能结合带来的大规模应用,将会产生今天我们难以想象的价值。

任正非对人工智能影响的评估，是未来人工智能所带来的影响会比移动互联网更大。乔布斯在2007年改变了智能手机的基本形态，不久后移动互联网的产业影响就像火山爆发一样汹涌而出。人工智能很可能也是如此，在某个发明之后迎来巨大的社会经济价值提升。例如人工智能与5G网络相结合，一定会推动社会产生巨大进步。但这个进步能到什么程度，任正非认为今天还是很难想象的。

人工智能、新型计算机、新型研究今天正在突飞猛进地发展，这是华为的巨大机会，也是华为必须时刻迎接的挑战。任正非认为，华为必须努力与时间赛跑，赶上人类社会的变化。让华为恐惧的，不是来自美国的打压，而是跟不上人类社会的发展，满足不了人们的需要。

2）人工智能如何发展

既然人工智能价值非凡，那么我们应该如何一步步打开通往智能世界的通道呢？

将任正非对人工智能的讨论梳理一下，会发现在他看来，发展人工智能除了其技术与产业本身的进步，还来自三个方向的合力：

（1）人工智能要建立在技术协同的基础上。

今天的人工智能本质上是一种基于统计学运算的软件程序，它建立在算力和数据的基础上，又与其他软硬件技术息息相关。因此发展人工智能的前提，是多种技术协同发展并实现深度融合，建立有利于人工智能技术发展的综合环境。

其中数据的价值是毋庸置疑的。在人工智能时代，每一比特的数据都有独特意义，人工智能可以学习数据、分析数据、实现数据的再利用。对于中国来说,基于人口红利和产业红利之上的数据丰富度,很有可能成为人工智能时代独特的发展优势。无论是数据体量、应用数据的能力,还是收集数据的习惯,中国都已经超过了美国。例如,在中国会说英语的人其实比美国更多,由此产生的庞大英语数据量,很可能造成自然语言处理、语义理解等人工智能核心技术上的领先。

当然,人工智能需要的是类型正确、专业化的数据,而不是数据的全集。在这个领域,中国互联网产业已经进行了长足的探索,为人工智能发展提供了有力推助。

另一方面,计算的发展与人工智能紧密相关,专用的人工智能计算架构、有效的计算体系以及足够庞大、易获取的人工智能算力,都是发展各行业智能化的基础。同时,任正非也认为5G是未来支撑人工智能存在的工具。人工智能建立在超级联接和超级计算的基础上,未来十年左右的超级联接,一定是5G网络条件所带来的。

(2)人工智能必须依赖全球化合作。

人工智能是一项产业链复杂、跨学科特征明显的技术种类,而这直接带来的影响就是人工智能需要产学研各界,以及全球各国工业界、学术界的紧密配合。在今天的人工智能领域,很可能一位乌克兰数学家在应用数学领域的突破,被英国人工智能学者发展为人工智能算法;而这一算法又被以色列科学家进行了工程化实践,在美国的超级计算系统上得以完成,最后被印度的软件工程团队部署在东南亚国家的工厂里。

随着信息革命数十年的发展,每个国家和地区的产学研优势都不尽相同,分裂这些联系,只能发展出技术孤岛,阻碍人工智能的发展效率。任正非认为，140年前世界的中心是钢铁之都匹兹堡；70年前世界的中心是汽车之城底特律；那么人工智能时代的世界中心在哪？

答案是"不知道"。人工智能正在让世界中心随时漂移，哪个国家有更好的机制、更开放的政策，就有可能进一步推动人工智能技术的发展。人工智能技术让国家不再依赖人口红利，而是更加强调开放能力、创新能力与基础科学素质。

（3）人工智能需要重视基础科学和人口教育。

几年前，任正非在全国科学大会上表示："西方人工智能的发展技术一旦成熟，制造业就会回流。因为人工智能机器人完全能够降低人工成本，发达国家再也没有必要通过转移制造业到发展中国家，本国仅仅发展高端产业保持本国经济竞争力。"

按照人工智能的发展轨迹，全球制造业此前数十年向劳动力密集型地区流动的模式将被打破，人工智能将从根本上打破全球产业链分工，重塑产业链体系。这种情况下，发展中国家进行产业升级将会越来越困难，从而迎来21世纪最主要的矛盾和挑战。

为了应对这种挑战，发展中国家的迫切任务是加速产业数字化与智能化转型，把握产业升级的红利期。同时应对人工智能挑战的最根本方案是重视基础教育，提高人口普遍的科学素质。人工智能时代，需要大量高素质、掌握新式生产技术、轻体力劳动的产业工人，同时更需要大量的数学家、计算机科学家，甚至神经生物学家。这些价值创造者的来源在于教育。因此可以看到，过去数年任正非的主要关注点在于讨论和推动基础教育发展，而非华为的技术与业务。

3）人工智能会不会取代人类工作

无论世界任何地方任何行业，在人工智能技术到来时可能都会产生同一个疑虑：人工智能会不会取代我们的工作，让我们失去经济来源？

对此，任正非的态度是大可不必担心。在他看来人工智能本质上是一种创造价值、创造财富的技术，无论创造出社会价值与生产力的总量是多少，都必然比我们今天的社会财富总量有显著增加。这种价值增加或许是不平均的，但毫无疑问是能让每个人都从中受益的。在今天我们的社会里，或许贫富差距依旧悬殊，但即使最贫困的人们，生活也比数十年前好了太多。这是因为社会的绝对财富被技术突破提升了，每个人都从中受益。而如何解决贫富差距拉大的问题，是一个社会话题，而非技术话题。

任正非回忆说，在广岛原子弹爆炸的时候，他刚刚七、八岁大，那时全球都在恐惧原子弹。但是如果随着人类社会发展，把观看的镜头拉长，会发现原子能在发电、发射医疗，以及核能在社会各领域的应用，远远大于其给人类社会带来的灾难。本质上看，技术突破的核心一定是造福人类。

同时，任正非也强调他所谈论的是弱人工智能，而非影视文学中幻想的强人工智能。人工智能技术在今天有其鲜明的技术边界以及实现条件。在这些条件限制下，人工智能可以实现无人驾驶，可以实现无人化矿山开采，可以帮助我们开发新药物等，这一系列由人工智能带来的福祉，会大大提升每个人的生活水平。

在工业革命初期，纺织机也同样不被社会信任，甚至被认为将迫使大量工人失业。英国等地掀起过打砸纺织机的浪潮。而如今显然不会有人提出纺织机应该被废除。人工智能就像当初的纺织机一样，一种初生的陌生技术容易给社会带来恐慌感，但长期看来，只要技术用来造福人类，最终就一定会被社会接受。

为了应对人工智能的挑战，各国应该把基础教育放在优先发展的计划上，提高全民族素质，并大量开办职业学校，让民众拥有适应人工智能的技术，在人工智能带来的大量新工作岗位中完成生产力转移。只有积极的引导，以及正确的社会心态，才能让新技术既能够为社会创造新财富，又不会大规模破坏社会结构。

人工智能会带来大量新的工作，会给社会创造更大财富，从而影响和塑造国家与地区的核心变量，产业社会可能发生天翻地覆的变化，为整个国际社会带来新的发展动力。这些价值的产生，基础是教育和人才、行业成熟性、适配人工智能发展的基础设施——例如操作系统、超大规模存储、超速联接等。只有发展好这每一个元素，社会才能充分汲取人工智能的养分，实现更多的生产力，从而带来更多的发展机会。

在任正非看来，人工智能会像铁路、计算机一样，带来一个科技高速发展的周期。整体来看，未来是光明的，人工智能会给劳动力市场带来变化，人们会有新的工作，会有更多的中产阶级产生。

为了发展人工智能，需要打造一个可持续发展的社会。需要彻底的产业变革以及积极的基础设施建设。生物技术、纳米技术、人工智能、机器人、物联网……种种技术最终将合力创造新的未来。

4）结束语：未有之变局

2017年年初，当我和团队伙伴决定以人工智能技术为主线，创办一家自媒体的时候，并没有想到华为会成为我接下来很长时间主要采访、分析和跟踪报道的对象。

近三年时间里,"脑极体"采访了华为数十位业务领导和技术专家,走进了华为大大小小上百场发布会,探访了海内外众多华为的实验室与产业基地。有意思的是,近两年华为也因为一些情况受到了全国民众的关注,但我作为一个科技内容写作者,却可能因为视角不同,与大家相比看到了另一个华为。归纳起来,有几点最让我印象深刻:

首先,华为是一家极其重视生态建设的公司,善于分享利润和技术成果。甚至一些只有几名员工的生态合作伙伴,也能在华为得到充分的重视,与华为各领域、各级别员工交流,发出的需求随时被响应。这种"无差别的分享感",很难想象出现在一家十九万人的企业中。

其次,华为对基础科研的投入,可能有着外界想象不到的执着。公众印象里华为是一家务实的公司,但在华为不对外宣讲的地方,却隐藏着大量科幻电影里才提及的技术研发,甚至比崇尚创新的硅谷公司更激进。华为不只是依靠务实,就在5G和人工智能上实现领先的。

另一个华为给人的特别印象,是全球化的沟通能力和管理能力。马德里的一位出租车司机跟我说过,西班牙的年轻人都很向往去华为工作。这种说法,当然也是中国公司中不常见的。

当然,华为最惹人注目的还是那种颇有些"蛮劲"的执行能力。"一人一厨一狗"坚守印度洋岛国科摩罗的故事,印尼海啸后逆着人潮去维护基站的故事,包括我自己采访过的无数案例,是很简单就能看到华为那种狠劲和蛮劲的。我采访过一家企业,说他们对华为的最深印象,来自一次机房测温工作。正常是晚上放测试仪早上来看,而华为工程师是带一张席子直接住进机房,每几分钟起来测一次。

以上种种感性印象,并不是想夸奖华为,而是想在最后与大家分享这样一个思考：保持着这些特征的华为，可能比而今大部分全球化科技公司，都更符合IBM、微软、谷歌这些伟大公司的产业上升期特征。

而这个现象，恰好出现在一场信息革命的大变局中。

1837年，美国人塞缪乐·莫尔斯研制出世界上第一台电磁式电报机；1937年阿塔纳索夫·贝瑞计算机问世，它是世界上第一台电子计算机；1976年，摩托罗拉工程师马丁·库珀将无线电应用于移动电话——在通信与信息技术的历史上，美国始终是当之无愧的引领者。

然而在近两年，我们会惊奇地发现在5G技术上中国已经完成了领先；人工智能领域中美逐渐呈现并驾齐驱的态势，中国人工智能成为全球共同研究的独立课题；华为的昇腾910，让中国在AI领域不再陷入"芯片卡脖子"的境地。

当然，在众多基础科学领域、人工智能理论创新领域等，中国与美国相比都还有不小的距离。但这并不妨碍我们发现一个正在明显发生的身位变化，一个从"美国始终率领"到"中美频频并行"的时代变局。

而回看信息革命的发生史，任何一次伟大技术突破，都必然以一家伟大公司作为技术创新底座：20世纪70年代信息技术崛起时的IBM、20世纪90年代让家用计算机走向普及的微软、21世纪初让互联网成为一种生活的谷歌……在21世纪的20年代，云计算、人工智能和5G正在融合催生新的变化，而华为恰好逐渐展露出富有人工智能时代技术底色的体系能力、基础技术优势和综合素质。这能从一个角度来阐释在中国土地上日益火热的"新基建"和"新一代人工智能"，也能用以解释美国政府近两年的诸多行为。

近几年,全球研究者普遍认为,人工智能让人类逐渐逼近第四次工业革命。麦卡锡《全球人工智能报告》指出,到21世纪30年代,人工智能将创造超过中国和印度总和的GDP,其为人类贡献的价值,将超过蒸汽机。

而从18世纪开始,东方从来没有成为过历史上工业革命的中枢。三百年过去,从基础技术到产业链,从数据积累到技术交叉,华为作为一家产业和技术底座的世界级公司,客观上看已经万事俱备。

那么这个变局下的智能革命,启动者为什么不能是中国,不能是华为?